RECEBE MARIA
COMO TUA ESPOSA

HENRI CAFFAREL

RECEBE MARIA
COMO TUA ESPOSA

EDITORA
SANTUÁRIO

DIRETOR EDITORIAL:
Marcelo C. Araújo

EDITORES:
Avelino Grassi
Márcio F. dos Anjos

COORDENAÇÃO EDITORIAL:
Ana Lúcia de Castro Leite

TRADUÇÃO:
Antônio Bicarato

REVISÃO TÉCNICA:
Pe. Flávio Cavalca

REVISÃO:
Bruna Marzullo

DIAGRAMAÇÃO E CAPA:
Juliano de Sousa Cervelin

Título original: *Prends chez toi Marie, ton épouse*
© Les Éditions Parole et Silence, 2006
ISBN 2-84573-368-2

Dados Internacionais de Catalogação na Publicação (CIP)
(Câmara Brasileira do Livro, SP, Brasil)

Caffarel, Henri
  Recebe Maria como tua esposa / Henri Caffarel; tradução Antônio Bicarato. – Aparecida, SP: Editora Santuário, 2009.

  Título original: Prends chez toi Marie, ton épouse
  Bibliografia.
  ISBN 978-85-369-0168-8

  1. Jesus Cristo – Família 2. José, Santo 3. Maria, Virgem Santa I. Título.

09-05002   CDD-232.932

Índices para catálogo sistemático:

1. José: Santo: Vida: Cristianismo 232.932
2. Maria: Santa: Vida: Cristianismo 232.932

4ª impressão

Todos os direitos em língua portuguesa reservados à **EDITORA SANTUÁRIO** - 2020

Composição, CTcP, impressão e acabamento:
EDITORA SANTUÁRIO - Rua Padre Claro Monteiro, 342
Fone: (12) 3104-2000 — 12570-000 — Aparecida-SP.

Sumário

Ao leitor 7

CRÔNICA DO CASAMENTO DE JOSÉ E MARIA 13
   O justo José 15
   O encontro e o noivado 21
   Uma tarde entre outras 28
   A anunciação do Senhor 31
   O anúncio a José 40
   O casamento 48
   A visitação 56
   O caminho para Belém 62
   "Um menino nasceu para nós" 67
   A homenagem dos pastores 72
   A circuncisão e o nome de Jesus 79
   Apresentação de Jesus no Templo 84
   A visita dos Magos 91
   A fuga para o Egito 96
   A vida em Nazaré 103
   O encontro no Templo 112
   A Sagrada Família 120

Estudo sobre o casamento de José e Maria 127

O casamento cristão à luz
do casamento de José e Maria 161

O casamento de José e Maria na tradição católica .. 191
    Santo Agostinho 196
    Hugo de São Vítor 199
    Dom Ubertino da Casale 201
    São Francisco de Sales 202
    Padre Lejeune 203
    São Cláudio de la Colombière 204
    Jacques-Bénigne Bossuet 206
    Charles Sauvé 208
    Joseph Dillersberger 211
    Leão XIII 215
    Pio XI 216
    Paulo VI 217
    Paul Claudel 217

Ao leitor

Seu olhar, leitor, não se terá cativado pelos dois personagens da ilustração da capa? José e Maria, jovens e belos. Seu gesto de mútua ternura – Quanto enlevo! Quanto pudor! Quanta delicadeza! – traduz seu amor a um tempo conjugal e virginal, alicerçado no chamado de Deus.

Eles se olham, mas seus olhares não se detêm neles mesmos. Contemplam, além do que é visível, aquele que Maria carrega em seu ventre. A "luz verdadeira" ilumina e transfigura as faces. É vermelha a veste de José, cor do amor e do fogo do Espírito Santo. A Virgem Maria está revestida da púrpura real, e as três estrelas de ouro, sobre sua fronte e seus ombros, são o sinal de sua virgindade antes, durante e depois do nascimento de Jesus.

Este quadro tem uma história. De 1935 a 1960 – anos em que floresceu na Igreja da França uma primavera da espiritualidade conjugal – eu exerci meu ministério sacerdotal junto de jovens casais que descobriam, surpresos, maravilhados, o pensamento de Deus sobre o amor e o casamento – muito mais elevado que seus próprios sonhos de adolescentes!

Um dia, de forma inesperada, sua busca recaiu sobre o casamento de José e de Maria. Esse casal até então lhes parecia um tanto quanto irreal, e não lhes havia ocorrido a ideia de questioná-lo. Mas eis que, lendo, relendo, meditando o Evangelho, ficaram surpresos de o descobrirem tão concreto, próximo deles por suas alegrias e suas dores, geralmente inseguro em relação ao dia de amanhã, confuso às vezes devido ao modo de agir do Senhor em relação a eles e, entretanto, nunca deixando de colocar sua segurança no Senhor.

Admirados do pouco espaço que a liturgia e a piedade dão ao casamento de José e de Maria, os jovens casais hesitaram com relação ao bom fundamento de sua admiração e de sua veneração, até o dia em que compreenderam a razão do desprezo, por parte do povo cristão, pelo casal de Nazaré, enquanto casal. Muito cedo, com efeito, desde o segundo século, os Evangelhos Apócrifos e as lendas mais ou menos douradas transformaram São José em um velho caquético, às vezes até pateta e ridículo, como em certos Mistérios da Idade Média. E, do casal, toda a ternura, todos os louvores dos fiéis são dirigidos a Maria e a Jesus, negligenciando essa sombra, essa caricatura de homem que lhes faz companhia. Maria tornou-se a "Virgem Maria", e tranquilamente esqueceram que ela foi também esposa. Mesmo quando a liturgia evoca o "casamento de Maria", não parece que ela seja casada com alguém. Como, então, maravilhar-se diante desse casal mal combinado de uma jovem tão jovem e de um velho? Como não pensar que se trata de um pseudocasamento, de uma farsa social sem verdadeiro conteúdo?

Mas se o povo cristão se equivocou, entretanto, não faltaram grandes espíritos – teológicos e poéticos – para celebrar a verdade desse casamento, desde Santo Agostinho até Claudel. Sem olvidar o grande chanceler da Universidade de Paris, Jean Gerson, que em 8 de setembro de 1416, diante da assembleia de todos os Padres do Concílio de Constança, reivindicava "que seja instituída uma festa na Igreja universal para celebrar o muito santo casamento de José e de Maria". Abundantes graças, assegurava ele, cairiam sobre a Igreja inteira.

Recordo-me de ter ouvido as famílias com as quais eu convivia dizerem: seria necessário que surgisse um Dante (o Dante que cantou o amor de Beatriz) ou um Péguy (aquele que exaltou Eva) para celebrar o amor de José e de Maria...
O poeta desejado não se manifestou.
Foi preciso contentar-se em colocar por escrito as descobertas que fizemos a partir de nossas meditações do Evangelho e de alguns estudos teológicos. Finalmente, um dia, com a ajuda de um fiel amigo, fiz um número especial da revista *l'Anneau d'or* (O Anel de ouro) intitulado "Recebe Maria como tua esposa" e dedicado ao casamento de José e de Maria.

A originalidade desse ensaio estava no ponto de vista adotado: enquanto incalculáveis vidas de Jesus, vidas de Maria e mesmo vidas de José vieram à luz a partir dos Evangelhos da infância de Cristo, jamais, ao menos pelo que eu conhecia, havia sido escrita uma crônica do casamento de José e de Maria.

Esse número de *l'Anneau d'or* (O Anel de ouro) caiu por acaso nas mãos de um jovem artista russo. Veio-lhe a inspiração. Ele a traduz por meio dessa pintura de estilo bizantino que está reproduzida na capa deste livro.

A primeira edição esgotou-se rapidamente. À medida que os anos passavam, os pedidos de uma re-edição se faziam mais numerosos e prementes. Eu pensei ser necessário re-escrever parcialmente a obra, tendo em conta estudos bíblicos recentes,[1] mas não encontrava tempo. Foi então que conselhos competentes me asseguram que, tal qual está, a obra não perdeu nada de seu interesse e de sua oportunidade. Não se pedia de mim uma leitura exegética do texto sagrado, mas uma contemplação das cenas evangélicas, *contemplação ingênua*, à maneira dos pastores (ou então do asno!) diante da Manjedoura. Eu, entretanto, consultei, não sem temor nem tremor, um grande amigo, Jean Giblet, eminente professor de Sagrada Escritura na Universidade católica de Lovaina. Sua resposta foi um franco e caloroso encorajamento.

Eis, portanto, o texto de 1965, apenas retocado e um pouco enxugado.

Uma série de pontos de vista sobre a existência de José e de Maria – todos centrados em Jesus, seu filho – abre o volume. Essas páginas são ilustradas com gravuras anti-

---

[1] A obra mais importante é, sem dúvida, a de René Laurentin, *Les Évangiles de l'enfance du Christ*. Ed. Desclée et Desclée de Brouwer, Paris, 1982.

gas, dos séculos XV e XVI, algumas de arte mais ingênua, outras de arte mais refinada, mas todas comoventes, mesmo quando seus autores nada parecem ter captado da qualidade de amor que uniu os esposos de Nazaré.

Um segundo capítulo apresenta um estudo de fundo sobre esse casamento único, por um lado, à luz do Evangelho e da teologia, e, por outro, de uma reflexão prolongada sobre este mundo misterioso que é o amor humano.

O terceiro capítulo coloca em relevo a esperança e as luzes que a união de José e de Maria reserva aos cristãos casados que a contemplam com os olhos do coração.

O quarto capítulo fornece um florilégio de textos variados e singularmente penetrantes sobre nosso assunto. Esses textos procedem de autores cristãos cotados entre os maiores.

Minha única ambição é que o leitor encontre o olhar e os sentimentos do próprio Jesus diante do amor de seu pai e de sua mãe e que ele o ouça dizer: "Veja como eles se amam!". Porque Jesus Cristo, ninguém o duvida, quer continuar a admirar e a cantar, em seu Corpo que é a Igreja, o amor de José e de Maria. Ele quer que seu próprio amor por eles, seu "culto filial", atravesse os séculos, seja celebrado por todos os seus discípulos e, para além dos tempos, chegue às raias da eternidade.

Henri Caffarel

CRÔNICA DO CASAMENTO DE JOSÉ E MARIA

O justo José

José é um homem de silêncio, homem cuja própria vida se cala. Por isso, dele o Evangelho nos traz três palavras, ricas em significado: ele é da casa de Davi (Mt 1,20; Lc 1,27); é carpinteiro (Mt 13,55); por fim, e sobretudo, ele é um "justo" (Mt 1,19).

Tentemos evocá-lo quando ainda não era "esposo de Maria", seu mais belo título de glória. Ele é jovem, provavelmente menos de vinte anos. Pois é necessário apagar, de uma vez por todas, as lendas imbecis que fizeram dele, segundo Claudel, "uma espécie de porteiro arcado pelo peso dos anos, cuja flácida calvície pede mais um gorro do que uma auréola". Está em plena juventude, em pleno vigor aquele que se tornará esposo da jovem Maria.

Este homem é antes de mais nada o herdeiro de uma raça: "Filho de Davi", assim o Anjo o saudará com respeito (Mt 1,20). A modéstia de sua presente condição nada muda: ele tem, sim, sangue real. É "porque ele é da casa e da família de Davi" que se fará recensear em Belém, berço da dinastia (Lc 2,4). Ele deve sonhar às vezes com esse antepassado longínquo, glória de todo o povo e seu ascendente direto. Mas o via ele no esplendor real, no meio de prestígios – e de torpezas – do poder absoluto? O adolescente José não recordaria, antes, o pastor de sua idade, filho de Jessé, que o favor divino veio buscar junto de seu rebanho? "Era ruivo, de olhos bonitos e uma bela aparência" (1Sm 16,12). Ao pensar que a raça de Jessé tinha, com Davi, partido de um curral, José não se acreditava diminuído por viver num barracão de artesão: sabia que a verdadeira nobreza vem de Deus.

Retenhamos ainda um traço dessa ascendência. Davi era belo, palavra repetida numerosas vezes pelo texto sagrado: belo de rosto, belo de corpo, belo em sua força também, pois foi capaz de enfrentar um leão do deserto. Beleza que ele passará a seus descendentes. "Belo sangue não pode acabar", dizia-se outrora. O artesão de Nazaré, por seus ancestrais, mas também por ser predestinado para "a mais bela das mulheres" (Ct 1,8) e para "o mais belo dos filhos dos homens" (Sl 44,3), devia ter aquela maneira altiva de andar, "linhagem", que vicissitude alguma degrada quando se tem isso por natureza e que é reflexo da alma.

Pensando em seu antepassado, José sabia que ele mesmo se achava na linha que conduzia de Davi ao Salvador de Israel. Por ora, este descendente real não é senão um artesão de um vilarejo, e isso é o segundo aspecto do tríptico. "Carpinteiro", que quer dizer isso? Nem camponês, nem comerciante, mas o homem que faz de tudo um pouco. Marceneiro e fazedor de carroças ao mesmo tempo, ele fabrica cangas, forja e conserta relhas de charrua, trabalha na construção e manutenção de casas. Ele se relaciona tanto com o camponês que deseja que o mais depressa possível lhe seja reparada a canga que se quebrou ou a relha que ficou torcida quanto com a mulher que vem comprar um cofre ou uma balança, com o padeiro que quer uma nova batedeira de massa ou com o pedreiro que tem necessidade de batentes ou de guarnições para suas portas. De todos esses trabalhos em madeira ou em ferro, fiquemos sobretudo com o que ensinaram a José: por seu ofício, ele conhece a resistência dos materiais, o preço das coisas e do tempo, o valor da fadiga de um homem, a dignidade do trabalho bem feito; assim, ele dá ao trabalho outra nobreza, outra sabedoria. E por sua profissão ainda, pelo desfilar constante de clientes, fica numa encruzilhada de contatos sociais, enriquece-se com o conhecimento múltiplo dos desejos, das necessidades, das ambições, das inquietações, de tudo enfim que existe no homem.

Mas quando se fala do filho de Davi e do carpinteiro, não está dito ainda tudo sobre José, está-se muito aquém do essencial. O futuro esposo de Maria é, em primeiro lugar, um "justo", um homem de "justiça". No Antigo Testamento, esse termo designa a virtude moral que nós conhecemos (o respeito dos direitos do outro), mais alargada e sublimada no respeito absoluto dos direitos de Deus e, portanto, na observância integral dos mandamentos. Nesse sentido, o "justo" coloca como verdadeiro ponto de honra obedecer escrupulosamente aos menores artigos da Lei, imagem terrena da integridade, da própria "justiça" de Deus no governo dos homens: "Se alguém é justo e pratica o direito e a justiça; se não come sobre as montanhas e não eleva os olhos para os ídolos da casa de Israel; se não desonra a mulher do próximo e não se aproxima de uma mulher em estado de impureza; se não oprime ninguém, restitui o penhor ao devedor, não comete rapina, reparte o pão com o faminto e cobre de vestes quem está nu; se não empresta com usura, não cobra juros, afasta sua mão da iniquidade e pronuncia reto juízo entre um homem e outro; se cumpre minhas leis e observa minhas normas, agindo com fidelidade, este é justo e viverá – oráculo do Senhor" (Ez 18,5-9).

Em um sentido mais profundo e que se desenvolve sobretudo no Exílio, a "justiça" do homem torna-se o eco e o fruto da maravilhosa delicadeza com aquele Deus que, não satisfeito de governar suas criaturas, cumula-as de bens. A justiça, então, coincide com a misericórdia: "Javé é clemente e justo, nosso Deus é misericordioso. Javé protege os humildes: eu estava prostrado, e ele me salvou" (Sl 116,5-6). Nós estamos longe de um respeito formal da Lei, de um legalismo sem alma. José é "justo" porque se aplica sem cessar em encontrar o amor na Lei. Sua "justiça" é, portanto, uma atitude constante de silêncio e de escuta diante de Deus, uma vontade incondicional de viver segundo a vontade de Deus, e é por isso que, mais tarde, ele se tornará o grande modelo das almas contemplativas.

Para exprimir por outra palavra bíblica, muito próxima de "justiça", a paz soberana e o ardente desejo que habitavam José, escolhamos de bom grado a palavra "sabedoria": "É a ela que eu amei e busquei desde minha juventude, procurei tomá-la como esposa, enamorado de sua beleza" (Sb 8,2). Essa sabedoria não é um simples humanismo, mas um dom de Deus. Israel acabou por devotar a ela tal predileção que a representava sob traços os mais delicadamente femininos: "Quem é fiel à Lei (alusão à "justiça" descrita anteriormente) obterá a sabedoria. Esta virá a seu encontro qual mãe honrada, e o acolherá como esposa virgem... Ele se apoiará nela e não vacilará, confiará nela e não ficará desiludido" (Eclo 15,1-4). Quando se vê tal retrato de uma mulher acolhedora, protetora, nutridora, forte, fiel, como não sonhar com aquela que será a esposa de José e que o fará entrar nos segredos mais arcanos da Sabedoria de Deus?

Se se agrupam num feixe as três características que de José nos dá o Evangelho – descendente de Davi, artesão em um vilarejo, homem de justiça –, percebe-se que elas o ligam a uma das mais puras tradições espirituais de Israel: a dos "pobres", os *anawim*. Não se trata somente dos indigentes, dos deserdados, ainda que certa privação material favoreça a atitude de alma dos pobres. Trata-se de uma humildade, de um abandono sem reservas em Deus, de uma recusa de se apoiar só nas forças humanas, para se confiar na onipotente força divina. "No meio de ti deixarei um povo humilde e pobre" (Sf 3,12). "Exultai, ó céus, alegra-te, ó terra, gritai de alegria, ó montes, porque Javé consola seu povo e tem piedade dos seus aflitos" (Is 49,13). A palavra "pobreza" acabou por simbolizar toda a atitude espiritual do homem em face de Deus, e os *anawim* identificavam-se com a porção mais religiosa de Israel.

Ora, José, como o define o Evangelho, pertence a esse núcleo privilegiado do Povo de Deus. Já a sua condição de artesão de vilarejo o coloca como antípoda dos poderosos, dos orgulhosos, que são os inimigos jurados dos *anawim* e seus perseguidores. Tudo o que sabemos ou presumimos de José culmina nessa pobreza de alma, que é abertura para Deus, abandono, humildade, confiança absoluta.

Em José concentra-se pois o que há de mais puro na justiça, na sabedoria, na "pobreza" dos homens de Deus do Antigo Testamento. Não nos deixemos enganar pelo silêncio e obscuridade em que ele se abisma. Outros foram mais célebres. Maior, ninguém. Deus prefere que ele morra para a ação e a palavra para estar, corpo e alma, devotado a Maria e a Jesus. Vemos assim homens prometidos à glória da inteligência ou do poder enterrar-se em um mosteiro onde serão esquecidos. A vida contemplativa não é o refúgio dos inadaptados, dos fracos, dos medrosos, dos que pensam pequeno; ela é uma solidão habitada por Deus, onde só conta o único necessário. Essa parte Deus escolheu para José, e ela jamais lhe será tirada.

Tal era o jovem que, aos olhos de todos, não era mais que um pensativo, um trabalhador, um homem do silêncio, mas em quem a donzela Maria reconhecerá aquele que Deus lhe havia destinado para esposo.

O encontro e o noivado

Nada se sabe evidentemente das circunstâncias em que José e Maria tomaram consciência de que estavam destinados um para o outro. Segundo tudo indica, eles passaram sua infância e sua juventude em Nazaré, e essa proximidade permitiu que se conhecessem. Maria, como todas as jovens israelitas, era muito livre; podia ser pastora, buscar água na fonte, fazer visitas, aproveitar nos campos as sobras dos ceifeiros. Nada a impedia, portanto, de encontrar José, tanto quanto outros jovens. Era previsível, pois, que em dado momento eles se olhassem não apenas como dois vizinhos de povoado, ligados até por simpatia. Era natural que experimentassem amor um pelo outro. E é sobre esse despertar de seu amor que podemos refletir.

Fujamos aqui de duas tentações. A primeira será a de simplesmente transpor sobre eles os sentimentos que podem experimentar dois jovens atraídos um pelo outro: essa transposição seria inconveniente, para estes entes de exceção, inteiramente devotados ao Senhor, e cujo amor não poderia eclodir senão sob esta luz. A outra tentação seria a de tirá-los da condição humana e de negar que um amor verdadeiro tenha nascido entre os dois. Digamos, ao contrário, que seu amor foi o único verdadeiro, se se dá seu pleno sentido à palavra "verdade": pois nenhuma interferência de cobiça, de peso, de tendências adversas veio corromper o arroubo de um pelo outro. Podemos por isso conhecer esse amor se subtraímos da experiência humana tudo o que ela carrega de impuro e torpe.

Que idade teriam os dois? Em Israel, casava-se jovem, como em todos os países do Oriente. Para os rapazes, grande parte dos rabinos achava que dezoito anos era a idade ideal; os mais liberais avançavam até os 24 anos, ao passo que os mais severos asseguravam que "o Único Santo não abençoava o homem que, aos vinte anos, não estava casado". Quanto às moças, casavam-se logo que se tornavam núbeis (a nubilidade legal começava aos doze anos e meio): Maria, quando trouxe Jesus ao mundo, sem dúvida não teria mais que quatorze anos. Eles eram, pois, jovens, mas igualmente conscientes e decididos. Vimos que a personalidade de José, embora discreta, era forte, e ele era um "homem de Deus" (teria ele se votado à virgindade? Não é possível sabê-lo ou mesmo conjeturar a respeito). Quanto a Maria, ela era a consagrada por excelência: a Igreja sempre afirmou que ela é "a Virgem Santa" e que, na idade em que se tem conscientemente nas mãos seu destino, ela tinha feito dom total de si mesma a Deus.

É entre esses dois seres que vai nascer o amor humano, o maior amor que jamais surgiu nesta terra. Mas ele não terá a mesma fonte, a mesma dinâmica que tem nos demais homens. Normalmente, vai-se do amor humano ao amor de Deus; a ordem aqui é a inversa: é Deus o primeiro conhecido; é Deus quem desperta em cada um o amor pelo outro. O impulso que leva Maria a José, José a Maria, não é, portanto, diferente daquele que os leva a Deus. Todos os que conheceram o deslumbramento de um jovem amor num clima de graça pressentem qualquer coisa desse mistério, que não foi, entretanto, conhecido e vivido em plenitude senão por José e Maria.

Quererá isso dizer que a irradiação divina apaga a realidade humana, a ternura cotidiana de seu diálogo? É verdade que o amor de Deus que os possui faz deles dois seres novos; literalmente, ele os "recriou", ele os tornou filhos de Deus. Mas esta força, este impulso, apodera-se de todas as suas outras forças, de todos os seus outros impulsos, purifica-os, orienta-os, acrisola-os, para torná-los mais aptos ao dom de si e mais disponíveis ao acolhimento do outro.

Seria gratificante não somente detalhar todas as nuanças desta joia de amor entre José e Maria, mas reconstituir suas etapas. Pois não foi feito tudo em apenas um dia. Convinha que houvesse repetidos encontros. José primeiro observou atentamente Maria, esta jovem que não era como as demais no povoado: mais discreta, mais reservada certamente, mas também mais decidida, mais segura de si mesma, de uma liberdade no modo de andar, de uma luz no olhar que a fazia reconhecível entre todas. Ele é o primeiro a ousar falar sobre casamento. Ela confidencia-lhe que está toda devotada ao Senhor e que pretende permanecer virgem. Segue-se muito provavelmente, para um e para outro, um tempo de meditação e de oração. José compreende que também ele deve permanecer virgem e que é esta a mais bela prova de amor que dará a Maria. Maria, por sua vez, sonha com esse casamento e com o dom de si mesma que ele comporta. Ela não quer que ele seja apenas um disfarce social de sua virgindade. Jamais faria nada pela metade nem por aparência, ela o concebe plenamente como um verdadeiro casamento, em que sua vocação virginal encontrará seu desabrochar; então, sim, ela será verdadeiramente a esposa de José, dando-lhe tudo e o acolhendo por inteiro. E ela pronuncia este "sim", que é para um e para o outro uma felicidade sem limites, a alegria sublime de amar e de ser amado, a alegria de estar para sempre *juntos* para amar a Deus e a ele se entregar.

Falta, durante os encontros seguintes, conhecerem-se mais profundamente. Pois, na verdade de seu amor, eles estão impacientes por começar a grande comunhão que nunca terminará. É difícil; precisam, para isso, de poucas palavras e de muito silêncio; precisam sempre recorrer àquele que os quis reunir e que conhece, Ele só, o segredo de suas almas. Mas nele eles se veem melhor e, depois de cada oração dirigida a Ele, sentem-se mais próximos um do outro.

Ao mesmo tempo que se confiam, que se calam, que oram, José não se cansa de ver Maria, e Maria de ver José. Eles renunciaram o dom carnal, mas não renunciaram a doçura da presença física e a comunhão de olhares; exatamente devido à sua virgindade resguardada, os menores sinais sensíveis contêm um valor decuplicado; e os candentes versos do Cântico dos Cânticos cantam em seus corações: "Tu és toda bela, minha bem amada, e sem mancha alguma... És um jardim bem fechado, minha irmã, minha noiva; um jardim bem fechado, uma fonte selada... Coloca-me como um selo sobre teu coração, como um selo sobre teu braço. Pois o amor é forte como a morte... Suas chamas são como chamas de fogo, uma chama de Javé. As grandes águas não poderão extinguir o amor, nem os rios submergi-lo".

A proximidade sensível, tão doce quanto pura, tão pacificante quanto exaltante, é um dos caminhos que os conduzem em direção àquele que se revela, que se doa, que os chama, revelando-os, doando-os, chamando-os um para o outro. Assim, eles tomam mais e mais consciência de estarem destinados um para o outro. Eles pressentem que sua união faz parte de um plano, ainda misterioso, mas no qual seu "ser conjugal" não é menos necessário que seu "ser virginal".

Ao mesmo tempo que eles se veem tão semelhantes e tão unidos, descobrem-se diferentes. Pois são homem e mulher, tendo cada um sua maneira de amar a Deus e de servi-lo. Por meio de José, Maria pressente a força criadora do Senhor, o sentido profundo de uma atividade laboriosa; por meio de Maria, José vê surgir a infinita ternura divina e o valor da contemplação e do abandono. E seu amor redobra com esta diferença, porque cada um compreende aquilo que compete ao outro e aquilo que o outro lhe pode dar. A descoberta da virilidade e da feminilidade é inseparável de sua comunhão espiritual.

Uma cerimônia oficial selará seu acordo: o noivado. Ela é dirigida, ordinariamente, segundo alguns autores, pelos pais, e o pai da moça pronuncia as palavras rituais: "Hoje, tu és meu genro" (1Sm 18,21). Nada sabemos dos pais de José nem dos de Maria. Se eram vivos à época, eles intervieram nesta ocasião para desempenhar o papel que lhes reconhecia o costume, ficando bem entendido que o consentimento dependia só da vontade livre dos dois jovens.

A partir dessa hora, eles são oficialmente "noivos". Mas o noivado de então tinha um sentido diferente do de nossos dias. Ele era um compromisso formal, um casamento ao qual só faltava a coabitação: a noiva não podia ser despedida senão por uma carta de divórcio; se seu noivo morria, ela era considerada viúva; uma criança concebida durante o noivado era tida como filho legítimo; se a mulher se tornasse culpável de adultério, estava sujeita à pena do apedrejamento como uma esposa. Todos esses efeitos sociais e jurídicos demonstram que uma noiva estava já, moralmente, legalmente, em comunhão e na dependência de um esposo.

José e Maria submetem-se à tradição. Estão felizes, certamente, de ver a comunidade reconhecer o laço com que Deus os une. Mas estão infinitamente mais felizes por causa desta íntima certeza: para sempre José é de Maria, e Maria é de José.

Uma tarde entre outras

José e Maria se amam. E eles se amam com aquele amor do qual alguns anos mais tarde São Paulo e São João farão o elogio, designando-o com o termo grego *agape* (caridade), amor cuja fonte não está no homem, mas em Deus.

O *agape* tem como característica, ensinam eles, a tendência de sempre se dizer e se manifestar. Devemos pois pensar que os noivos de Nazaré tiveram essas horas de intimidade, em que cada um expressa o mais profundo de si mesmo e traduz em pobres palavras da Terra aquilo que, em sua oração, entreviu de Deus.

E eis que, sem dúvida, entre José e Maria, ao colocarem em comum suas riquezas espirituais, surge pouco a pouco a grande Presença. Ela os envolve com sua "sombra". A "sombra" que havia pousado sobre o Arco da Aliança e que cobrirá Maria no dia da Anunciação. Sua alegria é imensa e ao mesmo tempo tranquila por se abrirem juntos e juntos estarem em comunhão no conhecimento de Deus.

E sem dúvida acontece que José vê Maria deixar-se invadir pela Presença e parece-lhe que ela é transportada para outro mundo. Ela está ali, mas ao mesmo tempo, e isto é evidente para José, ela está infinitamente longe. Na paz de sua visão – na verdade, mais que uma paz, é a calma felicidade eterna de Deus transparecendo sobre uma visão de mulher maravilhosamente pura – ele adivinha, ele pressente o mistério que se passa na alma de sua noiva.

José, por sua vez, sente-se arrebatado por seu Deus. Tudo que o envolve parece afastar-se. Maria, ela mesma desaparece. Deus se torna tão intensamente real, presente, impõe-se com tamanha evidência a seu olhar interior, que nada mais existe fora dele. A imensa, a infinita solidão de Deus absorveu José.

Anos mais tarde, Jesus dirá que é preciso "deixar", "odiar" pai, mãe, esposa e até sua própria vida; José fez experiência disso nesses minutos intensos: nada mais existe, nem mesmo ele próprio. É a isto que todos os místicos de todos os séculos aspiram: anular-se, mas em Deus, é isso que ele vive. Como está longe de Maria! Como está longe de si mesmo! Só com o Só. Não, além, perdido no Só. Só Deus existe: José está nele, Ele está em José...

Todo maravilhado, José se encontra novamente junto de Maria: a noite está chegando e envolve todas as coisas. Sua noiva está ali, sempre imóvel, como que iluminada por dentro. Aquilo que João Batista dirá mais tarde, José o experimenta diante daquela que Deus arrebatou: "Quem tem a esposa é o esposo, mas o amigo do esposo, que está presente e o ouve, muito se alegra com a voz do esposo. Tal é minha alegria, e ela é completa" (Jo 3,29).

Eis que Maria abre os olhos – poços de claridade –, vê José, sorri. Ele se pergunta se esse sorriso, se essa irradiação de ternura imensa são dirigidos exatamente a ele ou são destinados a esse Deus que, sem dúvida, seu olhar interior ainda não abandonou.

Mas é bem para ele. É exatamente seu nome que está sobre os lábios daquela que ele de repente quer bem com um amor todo novo, dessa noiva que lhe vem do país de Deus, envolta em luz. Surgem nele as palavras do pastor no Cântico dos Cânticos: "Tu és bela, minha bem amada, sem mancha alguma!" (4,7).

Quem é, pois, esse "Deus ciumento" que pede para tudo "odiar", tudo esquecer para naufragar e se perder no deserto de sua Transcendência e que suscita entre esses dois seres um amor tão perfeito? Ele sabe bem que, ao se amarem assim um ao outro, eles vão encontrá-lo de novo. "Todo aquele que ama nasceu de Deus e conhece [faz a experiência de] a Deus" (1Jo 4,7). E a imensa solidão de novo se apossará deles.

José e Maria não se amam senão para se ajudarem mutuamente a penetrar mais ainda na Solidão divina. Muito longe de ser um obstáculo, por mais transparente que seja, cada um é, junto do outro, profeta do Deus ciumento, convite a se fazer holocausto, a se lançar no fogo devorador da Presença.

A anunciação do Senhor

A cena que fará de Maria, em alguns momentos, a Mãe de Deus e a colocará assim como a obra-prima da Criação e da Redenção desenvolve-se dentro de uma simplicidade absoluta. São Lucas, em seu evangelho, destaca isso pelo contraste que estabelece entre o anúncio a Zacarias, pai de João Batista (1,5-22) e o anúncio a Maria, mãe de Jesus (1,25-38). É necessário reler esses dois textos voluntariamente paralelos para sentir a força de sua oposição.

Primeiro, o quadro. De um lado, a Cidade Santa, o Templo; e, nesse Templo, o Santuário, com o altar dos perfumes recoberto de ouro, junto do véu que dissimula o Santo dos Santos. De outro lado, um vilarejo recuado, à parte das grandes vias de comunicação, com a população miscigenada, que os judeus chamam com desprezo "a Galileia dos Gentios"; e nessa província um vilarejo desconhecido, nem uma única vez nomeado no Antigo Testamento, e que faz rir seus vizinhos à simples ideia que ali algo possa acontecer: *"De Nazaré,* zombará mais tarde Natanael, *pode vir alguma coisa de bom?"* (Jo 1,46).

Em seguida, os personagens. Aqui, o sacerdote Zacarias que, sozinho no Santuário, cumpre um ato solene de seu ministério: a oferenda de incenso sobre o altar dos perfumes, enquanto lá fora espreme-se uma multidão em recolhimento. Acolá, uma pequena aldeã de treze ou quatorze anos, sozinha em uma casa, cuja vida de oração não a impede de ocupar-se das tarefas domésticas.

A ação, enfim. De um lado, uma manifestação espetacular que logo em seguida provocará barulho. De outro, um colóquio de poucas palavras que permanecerá encerrado em profundo segredo.

E todavia o que se passa em Nazaré é incomensurável em relação ao que se deu no Templo. O milagre não é apenas mais divino, mas absolutamente divino. Deus não somente age, Ele vem. E é ao mesmo tempo muito mais simples, como se quisesse dizer que, quanto maiores são suas obras, mais Ele quer que se realizem na modéstia de meios e de pessoas.

Maria está, então, em sua casa, como todos os dias. Como todos os dias, ela arruma, ela limpa, ela cozinha. Inútil imaginar "Maria com seu Livro de Horas". Ela se ocupa, mas seu coração está livre para voar na direção daquilo que ela ama. E o que ela ama é, antes de tudo, a conversação com Deus; para nutri-la, basta que se volte para os grandes textos da Bíblia que conhece bem, os salmos que cantam em sua memória e em seus lábios, os profetas que, de século em século, anunciaram o Messias que virá e que embalam Israel em uma imensa esperança, que alguns tomam por um sonho. Mas ela, que crê nisso apaixonadamente, misticamente, desejaria participar de algum modo da vinda do Salvador. Como? Ela nada sabe. Os caminhos do Senhor são insondáveis. E basta estar disponível quando Ele fala.

O que ela ama é, portanto, Deus antes de tudo. Mas ela ama também esse jovem belo e viril, José, que já está enamorado por ela, e por quem ela também se enamorou. Como não pensar nele ao mesmo tempo que em Deus, uma vez que seu casamento já próximo foi querido por Deus? No momento em que o Anjo se manifesta, Maria tem o coração repleto de Deus, mas também todo entregue a José.

O Mensageiro aproxima-se, fala. Maria olha para ele sem surpresa, pois está no mesmo nível das coisas de Deus; mas como são estranhamente solenes suas palavras! Cada palavra cai sobre ela, carregada de mistério:

"Alegra-te" é mais que uma simples saudação. É um convite à alegria, e muito particularmente à alegria messiânica. Maria recorda-se de que esse imperativo, na Bíblia, anuncia a vinda de Deus ao meio de seu povo: "Canta jubilosa, filha de Sião, grita de alegria, Israel; regozija-te e exulta de todo o coração, filha de Jerusalém!... O rei de Israel, o próprio Javé, está no meio de ti" (Sf 3,14-15). Aconteceria isso, enfim...? Mas por que essas palavras são dirigidas a ela?

"Tu que tens o favor de Deus."[1] O Anjo não lhe diz "Maria", como é o costume. Ele parece dar-lhe outro nome que não o seu, um nome profético, como cada vez que Deus designa um eleito para uma missão. Mas então seria Maria o objeto do favor divino? Devido a que obra?

"O Senhor está contigo." Ela bem sabe que o Senhor está com aqueles que creem nele. Mas ali parece tratar-se, isto sim, de uma presença toda particular em relação com a "alegria" e com a "predileção" já manifestadas acima. Maria, a toda humilde, a pobre do Senhor, dobra-se sob o choque. Que lhe acontece? O Evangelho, sempre avaro de palavras afetivas, nota que ela ficou *comovida*.

[1] A expressão grega é mal traduzida por nossa "cheia de graça". Não se trata da graça que possui Maria e que a torna santa, mas da predileção de Deus – do olhar de Deus pousado sobre ela – que a designa para uma missão sem precedente. Os exegetas propõem diversas traduções. R. Laurentin, por sua parte, em seu livro *Les Evangiles de l'enfance du Christ* (Desclée e Desclée de Brouwer, 1982), propôs: "objeto-do-favor-de-Deus" ou "objeto-da-graça-de-Deus" (p. 28-31 e 185).

O Anjo então retoma as mesmas fórmulas em outros termos: "Não temas (alegra-te), Maria (desta feita é dito seu nome), tu encontraste graça junto de Deus (tu que tens o favor de Deus)". E, num impulso, ele dá a notícia inaudita: "Tu conceberás em teu seio e darás à luz um filho e lhe porás o nome de Jesus. Ele será grande e será chamado Filho do Altíssimo. O Senhor Deus lhe dará o trono de Davi, seu pai, e ele reinará para sempre na casa de Jacó. E seu reino não terá fim"[2] (Lc 1,31-32).

Desta vez, muita dúvida. É bem sobre ela que bate com força a enorme vaga da esperança messiânica, vinda do fundo da história humana. O reino de Javé no meio de seu povo, a vinda do Messias, filho de Davi – essas duas grandes promessas que povoam o Antigo Testamento e que foram a alma de sua própria oração –: é por meio dela, Maria, que elas se cumprirão.

Mas para se empenhar mais lucidamente no plano de Deus, para colocar sua inteligência a par do consentimento profundo de sua vontade, ela põe uma questão:

---

[2] Nesta proposta do Anjo, veem-se convergir duas correntes do Antigo Testamento: a promessa do Reino de Deus entre seu povo, continuamente rejeitada até o fim do mundo, e a promessa do Messias, filho de Davi, muito geralmente imaginado como um libertador temporal. As duas propostas se purificam, completam-se na proposta do Anjo: o Messias será espiritual, e seu reino vai começar. E é em Maria que se opera esta inauguração, por uma maternidade carnal e por uma espécie de poder moral, pois que cabe a ela dar seu nome ao Filho. Lucas atribui esse poder a Maria, enquanto Mateus o atribui a José (Mt 1,21); eles o tiveram, sem dúvida, tanto um como outro, em virtude da maternidade de Maria.

"Como será isso, se eu não vivo com um homem?"[3] (Lc 1,34).

Não se trata de uma objeção, de uma meia incredulidade, como a de Zacarias (Lc 1,20); caso contrário, ela não receberia uma resposta favorável do Anjo, e, mais tarde, Isabel não a bendiria por ter "acreditado que se cumpriria o que lhe fora dito da parte do Senhor" (Lc 1,45). Maria é toda impulso em direção a Deus e nada saberia recusar nem nada colocar em dúvida. Seu questionamento significa: "Se eu devo ser mãe, como guardarei minha virgindade?" Pois essa virgindade não é apenas, em seu pensamento, um estado de efeito provisório, mas uma vontade definitiva. Entre essa virgindade e a missão que lhe é proposta, ela não vê compatibilidade. E ela quer vê-la, para entrar plenamente no desígnio de Deus.

Ao mesmo tempo, "o homem" que ela evoca nesse momento não é simplesmente o homem em geral, é esse homem ternamente amado, José, do qual seu coração de mulher está repleto. O homem "que ela não conhece", no sentido físico e bíblico do termo, mas que é, portanto, aquele ao qual ela amarrou seu destino e em quem

---

[3] Não se pode tratar senão de um conhecimento físico, isto é, da união carnal, conforme o sentido da palavra na Bíblia (cf. Gn 4,1; 19,8; 1Sm 1,19-20; Jz 11,39). É bem evidente que, no sentido moral, Maria conhece José, seu noivo. Ela faz, portanto, alusão à sua virgindade e alega sua intenção formal e definitiva de permanecer virgem para Deus. O presente "Eu não conheço homem" é um presente de estado, como ao se dizer: "Eu não bebo, eu não fumo". É, pois, um propósito firme e que ela expressa (cf. R. Laurentin, *op. cit.*, p. 183 e 189).

ela pensa sem cessar, não estará ele por nada nesse mistério? No centro do questionamento de Maria, está seu amor por José.

O Anjo não responde senão à questão posta: "O Espírito Santo descerá sobre ti e a força do Altíssimo te cobrirá com sua sombra. Por isso, o Santo que vai nascer será chamado Filho de Deus" (Lc 1,35). É a José que, pouco tempo depois, ele dará a resposta complementar.

Ali ainda, as palavras têm para Maria uma profunda ressonância bíblica; *o Espírito virá sobre ti*, como sobre os homens escolhidos por Deus, como sobre o Messias, o Emanuel anunciado, como sobre a comunidade do fim dos tempos. *A força do Altíssimo te cobrirá com sua sombra*, como a nuvem que caminhava à frente do povo hebreu no deserto, e que envolvia a Tenda de Reunião onde repousava a Arca Santa.[4]

---

[4] O Espírito Santo virá sobre Maria como sobre os homens escolhidos por Deus: Gedeão (Jz 6,34), Sansão (Jz 14,6 e 19), José (Gn 41,38), Saul (1Sm 10,6), Davi (1Sm 16,13), Ezequiel (Ez 11,5) – cf. também Êx 31,3, Nm 11,26 – como sobre o Messias, o Emanuel (Is 11,1-6; 42,1-3; 61,1-2); e sobre a comunidade do fim dos tempos (Ez 36,25-28; Jr 31,31-33).
O poder do Santíssimo cobrirá Maria com sua sombra, como a "nuvem" que envolvia a Tenda da Reunião, enquanto que a "glória de Javé" penetrava no interior da Habitação ou da Arca da Aliança: Êx 40,34-35; Nm 9,22; 2Cr 5,14.
Gabriel anuncia, pois, a Maria que seu seio virginal se tornará um santuário vivo, um Santo dos Santos, onde a Presença divina habitará. Mas, das duas alusões feitas, uma à maternidade messiânica de Maria (e, portanto, da encarnação de Deus pelo nascimento de Jesus), outra à sua maternidade divina (e, portanto, à habitação de Deus nela), a primeira é mais explícita que a segunda.

Maria compreende, sem mais dúvida, que uma intervenção especial de Deus fará de seu seio virginal uma nova Tenda de Reunião, uma nova Arca da Aliança, onde nascerá o Messias, sem que precise um homem se aproximar. Compreende também que o *Santo* que dela nascerá será o *Filho de Deus*, no sentido mais absoluto do termo? Provavelmente não, pois o Antigo Testamento jamais disse que o Messias seria Deus, e nada autorizava uma hipótese tão audaciosa. Ela vê bem que seu filho, o Messias, estará mais próximo de Deus que qualquer libertador de Israel; mas serão necessários meses, anos, para que ela descubra que sua maternidade messiânica é igualmente uma maternidade divina.[5]

Portanto, se sua fé – como toda fé – permanece obscura, ela não é menos plena. E Maria pronuncia aquela palavra que Deus esperava dela, que todo o universo sem o saber esperava: "Eu sou a serva do Senhor; que se cumpra segundo tua palavra". A submissão é incondicional. O futuro de seu filho permanece na sombra; o seu, igualmente, mas, por antecipação, ela concorda com tudo. E concorda

---

[5] Outros intérpretes são menos restritivos e concedem a Maria uma compreensão quase total de sua maternidade divina. Estimam, por um lado, que a linguagem de Gabriel era perfeitamente adaptada a Maria e que, se Deus lhe tinha querido revelar essa maternidade divina, ele não o teria feito de outra forma; por outro lado, sublinham que Lucas atribui a Maria graças excepcionais e uma capacidade pouco comum de reflexão espiritual (2,19; 2,51): nessas condições, por que não compreenderia ela tudo o que devia compreender? Mas esses autores concordam que tal conhecimento permanecia na ordem da fé, portanto obscuro e capaz de progresso.

com tudo não passivamente, mas com toda a força de seu ser; o "fiat" é imperativo, é uma ordem que ela se dá a si mesma, pela qual toma nas mãos sua vida e a lança para a frente. Há assim criaturas que permanecem na espera e que, uma vez decididas, revelam uma força extrema.

O Anjo se foi. Maria permanece ali, em sua casa, aparentemente a mesma de sempre. Todavia, é outra Maria. Medita na mensagem, e pouco a pouco esta a invade e a transfigura. Como todas as mulheres de Israel, ela terá um filho e se encontrará assim sobre a estrada real da tradicional bênção divina. Seu filho, porém, não se parecerá com nenhum outro; ela mesma não se parecerá com nenhuma outra mãe. E de repente, tudo se esclarece, tudo se encaixa. Deus lhe havia inspirado permanecer virgem; Deus lhe pede hoje que tenha um filho; Deus não se contradiz, mas foi preciso que, ao escolher a virgindade, ela renunciasse a ser mãe para poder começar a sê-lo hoje. Descobre que não se possui nunca senão o que se dá, e ainda ao cêntuplo. Porque ela deliberadamente renunciou as puras e fortes alegrias da maternidade, ela as encontrará e as provará como jamais mãe alguma as conheceu.

E seu filho será o Messias. À sua alegria de mãe se junta a de dar um Salvador ao mundo. A espera secular de Israel, a espera milenar dos homens, encontrou enfim sua resposta. E Maria, a Serva, é a depositária dessa esperança preenchida. Por ora, na casa de Nazaré, sua alegria ultrapassa toda expressão, e Maria se abisma num silêncio de adoração.

O anúncio a José

Uma mudança profunda operou-se em Maria. Emana dela uma nova luz, porque ela está possuída pela alegria messiânica, por essa extraordinária certeza de ver realizadas as promessas há séculos feitas ao Povo de Deus. E, sobretudo, porque ela, ínfima e humilde, leva consigo aquele que vai pouco a pouco tomando carne em sua carne, o Salvador do mundo. Junto de um ser tão transparente como Maria, tudo isso se irradia de seus gestos, de sua maneira de andar, de seu sorriso, de seu olhar, bem do fundo de seus olhos claros.

Como um olhar tão afetuoso como o de José não perceberia tal transfiguração? Sabemos por experiência que o amor tem olhos para discernir, por sinais imperceptíveis, o que é invisível aos indiferentes. Maria e José jamais esconderam nada um do outro. Sem dúvida, só Deus reinava em determinada profundeza de seu ser e cada um respeitava esse sítio sagrado, inviolável. Poderá, porém, alguém acreditar que Maria se tenha trancafiado em seu segredo, que nada tenha transparecido, apesar dela, da transformação de sua pessoa e de sua vida? Poderá alguém acreditar que José nada tenha observado, nada tenha querido saber, bem antes mesmo que a aparência física de Maria se tivesse modificado? Tudo se fala, é a lei comum entre os que se prometem em casamento. O Anjo não havia pedido a Maria que se calasse; como não teria ela partilhado a confidência divina com aquele que Deus lhe havia dado?[6]

[6] Segundo certos comentaristas, Maria não teria confidenciado a José a concepção virginal antes de ir até Isabel, sua prima, e de ali ficar por três meses; e, portanto, José teria esperado a volta de sua noiva para notar seu estado, e, então, espantar-se com ele. A partir de então, ele se pergunta se Maria é adúltera ou não; mas não tinha nenhum meio imediato de ter certeza disso. Na dúvida, ele se propõe a "repudiá-la", no sentido jurídico da palavra, como a Lei o autorizava, uma vez que o noivado já significava o casamento, com exceção da co-habitação e da consumação. Faria isso "sem barulho" ou "secretamente", para poupá-la de uma humilhação pública. Nisso ele se mostra "justo", no sentido de "bom" para com Maria, e ao mesmo tempo respeitoso da Lei.
Esse arrazoado que segue o texto quase ao pé da letra se choca, entretanto, com graves dificuldades. Em primeiro lugar, a Lei não obrigava ninguém a repudiar a mulher adúltera; apenas dava o direito. José podia então continuar com Maria. Depois, uma repudiação secreta não teria sentido, pois o *libellum repudii* exigia duas testemunhas do ato oficial; e não se poderia evidentemente exigir delas nenhum segredo, pois ali estavam precisamente em nome da comunidade. Enfim, e sobretudo, como José pôde colocar em pé de igualdade as duas hipóteses: culpabilidade ou inocência? Ele conhecia muito bem Maria para suspeitar dela. Fazer isso teria sido aviltar a ele mesmo. Mas, então, se ele a julgava inocente, por que a teria "devolvido" ou "repudiado"? Seria expô-la, mais cedo ou mais tarde, aos comentários venenosos, às insinuações malévolas – e isso seria contrário a toda "justiça".
Outra tradição ainda, representada notadamente por são Bernardo e retomada por numerosos exegetas modernos, admite que José teve conhecimento da concepção virginal de Maria antes até de sua revelação. A indicação de Mt 1,18: "Ela ficou grávida por obra do Espírito Santo" assinalaria um fato, não somente objetivo, mas conhecido de José.
É a hipótese que nós retomamos, adotando só a cronologia satisfatória dos acontecimentos: anunciação a Maria, anunciação a José, casamento, visitação. A independência das narrações entre Mateus e Lucas também autoriza mais essa sucessão que a outra: anunciação a Maria, visitação, anunciação a José, casamento.

Pode ser que Maria tenha falado primeiro, pois seu coração explodia de felicidade, felicidade que ela queria compartilhar com José; pode ser que José, surpreso com essa Maria, igual e tão diferente, que pôs a questão, tenha feito isso através de um olhar ou um silêncio. Todavia, é a ele que Maria revela a maravilha, e ambos se calam. Em José eleva-se um canto de reconhecimento e de louvor, assim como uma incomensurável admiração por Maria, esta Arca de carne em que repousa o futuro Messias. Mas ao mesmo tempo manifesta-se uma dor que aos poucos se vai tornando lancinante.

Nem por um instante a dúvida se apossou de José: ele conhece muito bem Maria, sua total submissão a Deus, sua pureza, sua santidade, seu respeito pela Lei, seu compromisso para com ele mesmo. A mínima suspeita seria infamante, não para Maria, mas para quem levantasse a suspeita. Não é daí que vem a dor de José.

Mas esse "justo" tem um sentido agudo do mistério. Deus fez de Maria seu bem, por um desígnio que ultrapassa todo alcance da vista humana. Diante de Maria, diante da obra de Deus em Maria, José tem o recuo sagrado de todos aqueles que tomam consciência de sua indignidade; ele reage como todos os justos do Antigo Testamento, como Pedro ao dizer: "Afasta-te de mim, porque sou um pecador" (Lc 5,8). Que lugar pode ter ele, que papel pode desempenhar, ali onde só Deus joga o jogo? Ao Anjo da Anunciação Maria punha a questão: "Que acontecerá com minha virgindade?". José se pôs outra questão: "O que será de nosso casamento?".

Uma alternativa cruel se impôs a José. Ou ele fica com Maria (nesse caso, vai usurpar o título de pai, que só a Deus pertence, deixando crer que o filho é seu) ou renuncia a Maria, afasta-se, tomando toda precaução para que Maria não sofra nenhuma afronta pública. Mas afastar-se assim seria sacrificar seu casamento; é romper com aquela que se havia entregue a ele e a quem, por sua vez, ele se havia entregue; é deixar essa criatura perfeita, perto de quem o amor e a vida não eram senão felicidade e luz; é abandonar o projeto de viverem juntos para Deus. Como não se teria torturado José com isso?

Perto dele Maria se cala. Ela sabe que ele sofre e por que ele sofre. Mas não tem resposta para lhe dar. Maria só pode, junto com seu José, voltar-se para o Senhor. Eles, que até então não haviam senão partilhado a esperança e a felicidade, eis que descobrem uma comunhão amarga, a da incerteza e da dilaceração. Não estão menos unidos, mas unidos de uma maneira diferente.

Ela sabe mesmo, ou pelo menos adivinha (ela adivinha tudo naquele que ela ama), que José sonha separar-se dela. De antemão aceita, se esta é a vontade de Deus; mas não pode senão sofrer com isso, e de uma dor dupla: a de ela própria ser separada dele, a de vê-lo partir só na vida, sem companhia, sem destino, ao passo que ela encontrou seu caminho.

É assim que se deve compreender o texto tão breve, e à primeira vista tão desconcertante, de Mateus, 1,18-19: "Antes de viverem juntos, Maria ficou grávida por obra do Espírito Santo. José, seu noivo, sendo uma pessoa de bem, não quis que ela ficasse com o nome manchado, e resolveu deixá-la sem ninguém o saber".

Ele estava perplexo, portanto, quando Deus interveio: "Enquanto planejava isso, teve um sonho em que lhe apareceu um anjo do Senhor para dizer-lhe: "José, filho de Davi, não tenhas medo de receber Maria como esposa, porque a criança que ela tem em seu seio vem do Espírito Santo. Ela terá um filho, e tu lhe porás o nome de Jesus, pois ele salvará seu povo de seus pecados" (Mt 1,20-21).

Maria havia recebido essa revelação quando acordada; José recebe a sua durante o sono, um sono que se imagina atormentado. Durante essas horas noturnas em que a razão e a vontade perdem seu reinado, nossas angústias assumem sua mais terrível visão.

O anúncio começa solenemente: "José, filho de Davi". Mas não é só para lembrar ao carpinteiro que ele é de sangue real, é para indicar a própria razão de sua presença junto de Maria e do Menino: como notarão Mateus e Lucas em suas genealogias, Jesus se liga à linhagem de Davi por meio de José, e se torna então, por ele, o herdeiro das grandes promessas messiânicas.[7]

"Não tenhas medo": voltou a alegria. Gabriel havia assim confortado Zacarias (Lc 1,13) e Maria (1,30); apenas por essa palavra, ele tira o peso que esmagava José.

"Recebe Maria, tua esposa": a resposta é exatamente a que corresponde à questão obsessiva que se punha José: o

---

[7] Em Mateus, a genealogia vem antes da narração da infância (1,1-17); em Lucas, antes da vida pública (3,23-38). Os dois mencionam a filiação de Jesus por José, mas Mateus nota explicitamente que o casamento de José com Maria estabelece tanto o laço de José com Jesus quanto o laço deste com a linhagem davídica: "Jacó foi pai de José, esposo de Maria, da qual nasceu Jesus, que é chamado o Cristo" (1,16). Não se podem fundamentar mais solidamente o casamento de Maria e de José e a paternidade de José.

que será de nosso casamento? Sim, este casamento faz certamente parte do plano de Deus, e será ao mesmo tempo um verdadeiro casamento humano, uma intimidade cotidiana.

"Porque a criança que ela tem em seu seio vem do Espírito Santo": José já o sabia, mas essa luz esclarece tudo, e é ela que então revela a verdadeira maternidade de Maria e a verdadeira paternidade de José.

"Ela terá um filho": Maria será então uma mãe como todas as mães da Terra.

"E tu lhe darás o nome de Jesus": o direito de José sobre Jesus é afirmado com todo o vigor. E como o nome de Jesus é profético de sua missão ("Deus salva"), logo é José quem, de alguma forma, consagrará legalmente e socialmente a missão do Filho de Deus.

A partir de então a felicidade pode explodir, o amor pode reflorir entre Maria e José. É um novo começo para seu casamento. A primeira anunciação havia não só confirmado a virgindade de Maria, mas revelado que ela seria a condição necessária de sua maternidade. A segunda anunciação não só mantém seu casamento, mas lhe confere extraordinária promoção. Até agora, certamente, seu dom mútuo esteve ao serviço de Deus. Mas que serviço é esse? A oração e a contemplação? Uma ação entre o povo de Deus? Sua união parecia em todo caso privada de seu fruto natural, o filho, uma vez que Maria devia permanecer virgem. Havia, pois, incerteza na orientação de sua vocação. Agora, tudo está claro. A força divina dá a esse casamento a dimensão que lhe faltava: a da fecundidade, e com uma excelência inaudita, pois que seu filho vem de Deus e será o Salvador do mundo. Essa fecundidade completa seu dom a Deus e sua missão junto ao povo de Deus.

Num mesmo lance, José compreende, e Maria com ele, que o Filho não está confiado só a Maria, mas a seu casamento, a seu amor. José não foi despojado de seu título de esposo: ele entra no plano divino da mesma forma que a virgindade de Maria. José será o pai terreno de Jesus, tão realmente quanto é o esposo de Maria. É por isso que ele deve "receber Maria, sua esposa".

Assim, o risco que apavora tanto José, o de passar por pai do Messias, Deus mesmo o assume. A partir de então, nada a temer. José se mostrará o pai terreno de Jesus, de forma que todos ficarão convencidos disso, e os evangelistas afirmarão essa paternidade com tanta certeza quanto a maternidade de Maria (Lc 3,23; 4,22; Mt 13,55; Mc 6,3; Jo 6,42). José é verdadeiramente o pai porque o filho foi dado por Deus, não só para Maria, mas ao casal José e Maria. Que isso aconteça por caminhos não habituais, nada muda. Quem ousaria dizer que José não amou Jesus com um coração mais perfeitamente paternal que qualquer pai da Terra amou seu filho?

    Depois do sonho revelador, José se reanima. Espera o dia raiar para correr até Maria. Antes de qualquer explicação, ela compreende: basta ver esse rosto transformado. Ela havia conhecido o jovem José espantosamente disponível para Deus, espantosamente terno e atento; ela havia conhecido o homem atormentado, incerto dos caminhos de Deus, dilacerado em seu amor; tinha agora diante de si outro José, forte por toda a responsabilidade que acaba de lhe ser entregue e que ele aceita plenamente. Este homem que está ali não é mais somente o esposo, o companheiro de sua alma e de sua vida; é o pai de seu filho. E uma admiração e uma ternura novas tomam conta do coração de Maria – ao mesmo tempo que um reconhecimento infinito para com aquele que acaba de uni-los novamente, ou, antes, de lhes revelar porque os havia unido.

    Seus olhares são contidos. Suas mãos se juntam num aperto pelo qual José faz passar, com todo o amor de antes, a nova autoridade que assume. E Maria se abandona a esse novo José que lhe é dado, a esse homem forte do qual precisa para ser a mãe do Messias.

O casamento

Sem nada dizerem de seu segredo, Maria e José estão prontos para o cerimonial, a um tempo rústico e nobre, pelo qual se unem os jovens noivos. Eles espargem uma alegria pura e franca entre seus parentes, seus amigos, entre todos aqueles que os conheciam.

Em Israel, nessa época, o casamento é ocasião de grandes festas, que reúnem muitas pessoas e que duram muito tempo. Casa-se de preferência no outono, pois, feitas as colheitas e as vindimas, vai-se mais facilmente de um lugar para outro, e a doçura das noites permite longas vigílias. Convidam-se os parentes, os amigos, os amigos dos amigos e os conhecidos mesmo que um pouco longínquos; assim, veremos mais tarde, em Caná, Jesus é convidado para um casamento com todos os seus discípulos (Jo 2,2). E se acomodam, não somente para os dois dias da cerimônia, mas para sete dias, e geralmente até mais, de festas, danças, cantos e festejos diversos.

O ritual propriamente dito, pelo tanto que dele se pode conhecer,[8] era marcado por alegria, mas também por solenidade. Em uma palavra, era real. O diadema com que se enfeitava o noivo, as joias da noiva, o dossel sob o qual ela se sentava para receber os presentes, tudo isso fazia deles um rei e uma rainha. Pensava-se, quem sabe, que eles tomariam posse de um pequeno reino, o da casa e do lar? Ou, mais simplesmente, acreditava-se que naquele dia seu amor os elevava acima do comum, dava-lhes um brilho real? O certo é que eram tratados como rei e como rainha e que eles mesmos se portavam como tais.

Tudo se desenrola em dois dias, sendo o primeiro principalmente o do rei, e o segundo, o da rainha. No primeiro dia, o noivo, vestido com roupas de festa, coroa-se com um diadema, talvez em lembrança do rei

---

[8] Existe alguma incerteza sobre o rito do casamento na época de Cristo. Um escritor respeitado apresenta o seguinte cerimonial: o oficiante – um morador da aldeia – toma um copo cheio de vinho e pronuncia uma longa fórmula de bênção que começava assim: "Bendito seja o Eterno nosso Deus, rei do universo, que criou o fruto da vinha...". Então os noivos bebem um pouco do vinho consagrado pelo oficiante. Depois o noivo coloca o anel nupcial no dedo de sua esposa, dizendo: "Vês, por este anel, tu me és consagrada segundo a Lei de Moisés e de Israel". O oficiante de novo pronuncia várias bênçãos: "Bendito seja o Eterno nosso Deus, que criou o fruto da vinha... Bendito sejas tu, Senhor, que fizeste a alegria do marido e da esposa... Celebrai o Senhor porque ele é bom, porque eterna é sua misericórdia" etc. (R. Aron, *Ainsi priait Jésus enfant*, Grasset, 1968, p. 43-46. Ver também K. Ritzer, *Le mariage dans les Églises chrétiennes du I ao XI siécles*, col. "Lex orandi", Éd. du Cerf, Paris, 1970, p. 57-62).

Salomão. Em torno dele se forma um cortejo, conduzido por um de seus melhores amigos, que se nomeia, aliás, oficialmente, "o amigo do esposo" (é o termo que João Batista assumirá para ele mesmo em relação a Jesus, cf. Jo 3,29). Ao som dos tamborins e da música, todos se dirigem para a casa da noiva; ela espera, ornada com seus mais belos adornos e com suas joias; mas está velada e não se desvelará senão no quarto nupcial. Ela toma lugar no cortejo com o noivo, rodeada de suas próprias amigas, e todos partem para a casa do noivo, cantando epitalâmios ou cânticos nupciais, dos quais o salmo 45 e o Cântico dos Cânticos nos deixaram calorosos exemplos: "Ouve, filha, vê, presta atenção: esquece teu povo e a casa de teu pai; que agrade ao rei tua beleza. Ele é teu senhor: presta-lhe homenagem... Toda formosa é a filha do rei em sua morada, tecido de ouro é seu vestido. É apresentada ao rei com vestes bordadas..." (Sl 45).

Na casa do noivo acontece a cerimônia propriamente religiosa: os pais pronunciam uma das belas formas de bênção tiradas dos Livros Sagrados, e a assistência repete para exprimir seus votos de felicidade e de fecundidade: "És nossa irmã: cresce em milhares de miríades, e tua descendência conquiste as portas de seus inimigos" (Gn 24,60) ou também: "Que o Senhor te conceda as bênçãos do céu a ti, à tua mulher e ao pai e à mãe de tua mulher" (Tb 9,6), ou ainda: "Que Javé faça a essa mulher que entra em tua casa como fez a Raquel e a Lia, que fundaram a casa de Israel... E seja tua casa semelhante à de Farés, que Tamar deu à luz para Judá, graças à posteridade que Javé vai te dar desta jovem" (Rt 4,11-12). O serão acontece em seguida com brincadeiras e danças; o noivo, feliz, toma parte, enquanto que a moça, retirada no quarto que lhe foi reservado, ali fica com suas amigas.

O segundo dia é o da rainha. Pela tarde, depois de horas de alegria transbordante em que os rapazes organizam as brincadeiras em que as moças dançam sob as videiras, a futura esposa se coloca sob um dossel e ali se instala para receber os presentes; em torno dela se organizam suas "damas de honra", em número de dez, vestidas de branco e portando candeias acesas, como o veremos na parábola das virgens prudentes e das virgens incautas (Mt 25, 1,13). Após o desfile dos presentes, por sua vez chega o noivo, não levando senão a ele mesmo, mas cobrindo a donzela de elogios poéticos. Se lhe falta inspiração, o Cântico dos Cânticos lhe fornece metáforas as mais coloridas e entusiastas: a cabeleira de sua bela é negra como as cabras montesas, seus dentes são brancos como as ovelhas, seus lábios, carmesins como a anêmona, suas faces, rosas como a romã. Diante dos esposos agora unidos derramam-se grãos, esmaga-se uma romã – velhos ritos de fecundidade – e quebra-se um vaso cheio de perfume. Em seguida, volta a festa, alegre e rodopiante; come-se e bebe-se, às vezes em tal quantidade que o vinho pode chegar a faltar, como aconteceu em Caná, quando Jesus realizou seu primeiro milagre a pedido de Maria (cf. Jo 2,3).

José e Maria estão prontos para esse cerimonial ao mesmo tempo nobre e popular, eles cumpriram e viram cumpridos os ritos, eles riram na alegria dessa quermesse, felizes por seu casamento trazer tanta felicidade ao povo. Mas para eles esse casamento era bem outra coisa além de uma consagração legal ou social, bem mais até que a bênção de seus pais e de Deus sobre seu amor. Podemos nós entrar nos sentimentos que eles experimentavam?

Não esqueçamos que eles são totalmente de Deus e penetrados pela Palavra de Deus. Não esqueçamos, além disso, que há pouco receberam a dupla anunciação do Anjo e que subitamente seu casamento assumiu um novo e miraculoso sentido. Sob essa luz, as cerimônias de Nazaré, que os tornaram definitivamente marido e mulher, situavam-nos em uma longa linhagem de profecias: as que, de Oseias a Isaías, a Jeremias, a Ezequiel, cantavam o amor tumultuado de Deus e Israel, o indefectível apego do Esposo por aquela que o traia, a promessa de uma nova aliança, de um novo casamento, em que ao amor de Javé correspondesse enfim o amor de Israel: "E acontecerá que naquele dia – oráculo do Senhor – tu me chamarás: 'Meu Marido'... Eu te desposarei para sempre; sim, eu te desposarei na justiça e no direito, no amor e na ternura; eu te desposarei na fidelidade, e tu conhecerás Javé" (Os 2; 18,21-22). Para Maria e para José, que eram inteiramente pureza, inteiramente impulso para Deus, essa derradeira evocação iluminava seu casamento: eles eram a imagem viva da Aliança eterna entre Deus e seu povo. E as duas revelações do Anjo traziam uma nova precisão a essa alegoria tradicional: aquele que Maria carregava em seu seio era esse Messias, esse Mediador, que operava nela e, por ela, a união entre Deus e os homens. Seu casamento realizava, portanto, na verdade, aquilo que os profetas haviam anunciado como uma promessa e uma esperança.

Mais humildemente, mais docemente, esse casamento era um revigoramento de seu amor. O rito essencial do cerimonial consistia na entrada na casa do esposo: "Recebe Maria, tua esposa", havia dito o Anjo. Desde então, eles viverão na mesma casa, eles não se deixarão mais, prepararão juntos o lar onde o filho será acariciado, cuidado, educado. A alegria de todos os jovens casais que pela primeira vez entram "em sua casa" é a alegria de Maria e de José; mas, para eles, muito mais respeitosa e mais religiosa! José, recebendo Maria em sua casa, ao som dos cantos de amor e dos tamborins da multidão, devia pensar em seu ancestral Davi, quando fez entrar a Arca da Aliança em Jerusalém, em meio a cantos, danças e sacrifícios, e ele próprio dançando "com todas as suas forças" (2Sm 6,1-23); como Davi, José experimentava, em sua alegria, uma espécie de temor sagrado: "Como a Arca de Javé entrará em minha casa?" (6,9). Pois Maria era verdadeiramente a Arca Santa, carregando em si toda a Majestade, toda a Ternura do Deus vivo. Graças a ela, este pequeno "reino" da casa, evocado pelo cerimonial tradicional, será verdadeiramente o "Reino de Deus" sobre a Terra. E ela será, ali, a Rainha. O coração de José devia debulhar-se em apelos ternos e de veneração, semelhantes aos que mais tarde virão aos lábios da Igreja: Casa de ouro, Torre de Davi, Arca da Aliança, Rainha dos Patriarcas, Rainha dos Profetas, Rainha dos Anjos, Rainha das Virgens...

Sim, verdadeiramente, a alegria de José e de Maria, no dia de seu casamento, foi de natureza totalmente diferente da alegria dos parentes, dos amigos, da aldeia, que os rodeavam em alegria estonteante. Era até muito diferente da alegria de seus primeiros encontros e de seu noivado, pois nesse meio tempo o Anjo lhes havia revelado porque e por quem eles se casavam. Ela retomava em profundidade a alegria que eles sempre tinham experimentado e que era a alma de sua alma: a alegria de se doar sem condições ao Único Esposo.

A visitação

Apenas terminada a festa, apenas fechadas as portas da casa sobre sua felicidade, Maria parte. Porque precisam dela, e ela quer devotar-se, servir. Ressoam ainda em seus ouvidos as palavras de Gabriel: "Isabel, tua parenta, também ela concebeu um filho em sua velhice, e está no sexto mês aquela que era chamada estéril, porque nada é impossível para Deus" (Lc 1,36-37). Com certeza, Deus deu esse sinal para ela mesma; mas não era isso também um convite a que se colocasse à disposição junto daquela cuja idade tornava certamente penosa a gravidez, e que precisava ser ajudada?

Maria fez logo seus preparativos. José a acompanhará? O Evangelho não nos diz nada a respeito. Se a acompanhou, ele presenciou a saudação de Isabel e entendeu o Magnificat – é o que se advinha devido àquela perfeita compreensão que ele tinha das coisas de Deus. Guardemos, porém, a interpretação comum, e suponhamos que José permaneceu em Nazaré devido a seu trabalho ou simplesmente que ele não via a utilidade de sua presença, durante várias semanas, junto de Isabel.

Então ele ajuda Maria. O evangelho diz que ela "partiu em viagem, indo às pressas" (Lc 1,39), mas o evangelista quer sem dúvida falar menos de uma partida precipitada que de uma viagem rápida. O mais simples e o mais seguro era juntar-se a uma das caravanas que iam regularmente a Jerusalém, de onde o vilarejo de Zacarias e de Isabel não era distante. Assim mesmo, eram necessários quatro dias de viagem para ir de Nazaré a Jerusalém. José não se inquieta pela saúde de Maria: ela é forte, e seu estado é muito recente; menos ainda teme os perigos exteriores: sem dúvida, os caminhos são infestados de pilhadores, mas eles não atacam senão os que viajam sozinhos. Não, sua única inquietação é por estar separado de sua amada companheira. Ele não sabe e aprenderá aos poucos que seu amor vai tomar nova nuança: eles vão conhecer "o estranho amor da ausência".

No momento, ele olha o aglomerado confuso da caravana, peregrinos, camelos, arrieiros, asneiros, o bastão na mão, o *keffieh* (véu) na testa, a túnica levantada, os pés nus nas sandálias. Os camelos partem em fila, ligados um ao outro por uma corda, dentro de certa ordem; mas eles são seguidos por um rebuliço de pequenos asnos, montarias dos peregrinos mais pobres: José certamente alugou um para Maria. Em meio à balbúrdia e à poeira, a tropa se envereda pelos ziguezagues que serpenteiam em direção à planície do Esdrelon, e logo a esguia silhueta da jovem donzela desaparece numa curva. José entra em sua casa deserta.

Isabel esperava Maria. Ao chegar, Maria é a primeira a dirigir a saudação, como é natural a uma jovem diante de uma mulher idosa. Mas a saudação não é trocada apenas entre elas: do fundo de suas entranhas, as duas crianças se comunicam. "Logo que Isabel ouviu a saudação de Maria, o menino saltou em seu seio, e Isabel ficou cheia do Espírito Santo" (Lc 1,41).

Isabel por sua vez se inclina, devedora de um profundo respeito diante de sua jovem parenta: "Tu és bendita entre as mulheres e bendito é o fruto de teu ventre! E donde me é dado que venha a mim a mãe de meu Senhor? Pois assim que chegou a meus ouvidos a voz de tua saudação, o menino saltou de alegria em meu seio. Bem-aventurada aquela que acreditou que se cumpriria aquilo que lhe foi dito da parte do Senhor" (Lc 1,42-45).

De repente, tudo muda. A simples visita de polidez e de amizade toma outro significado: ela se torna o encontro do Messias e de seu Precursor. Maria compreende isso e deixa sua alma manifestar-se demoradamente: é o Magnificat. É semelhante ao canto de Ana, quando foi libertada de sua esterilidade e deu nascimento a Samuel (1Sm 2,1-11); e isso tanto é verdade que as palavras parecem ter sido emprestadas do canto de Ana para o de Maria. Supõe-se igualmente que esse canto era já conhecido na comunidade dos "pobres de Javé"; e é verdade que palavras como "os que temem a Deus" (Lc 1,50), "os humildes" (52), "os famintos" (53) fazem eco à oração suplicante e confiante dos *anawim*. Mas na boca de Maria elas vibram com novo acento. Ela não expressa a simples felicidade de uma mãe; ela não se derrama numa simples oração de abandono e de confiança. É a felicidade messiânica que nela brilha como o relâmpago. É espantoso ver essa moça que não tem quinze anos, este ser até agora todo doçura e ternura, exprimir-se com uma paixão, uma veemência, pelas quais passa a força mesma de Deus. Em algum lugar diz Bernanos que "a inocência é terrível". Descobre-se essa terrível inocência no Magnificat de Maria.

Mas, lendo esse texto tão conhecido e sempre novo, não nos enganemos com seu significado. Maria não se julga a mulher forte. Se ela lança uma maldição no rosto dos "homens de coração soberbo", dos "poderosos", dos "ricos", se ela exalta os "humildes", os "famintos", isto não é para sacudir os pilares da cidade humana, da prosperidade, do poder, e colocar os escravos no trono dos reis. Nada se assemelha menos a um ardor revolucionário que sua proclamação sagrada. O que ela exalta são as *"magnalia Dei"*, as grandes coisas que Deus faz por seu povo pobre e perseguido; em seu canto ela retribui amor por amor a esse Deus que é todo *"misericórdia"* e cuja força está a serviço dos que o temem e amam. Diante dele ela se coloca sob um duplo aspecto admiravelmente equilibrado: sua pequenez de *"serva"*, que nada é por ela mesma, mas também sua própria glória, consciente e afirmada, porque o Senhor, por causa mesmo de seu apagamento, fez brilhar nela sua magnificência e sua misericórdia. Haverá mais serena, mais definitiva, mais surpreendente afirmação que esta: *"Todas as gerações me proclamarão bem-aventurada"*? Que ela, a herdeira das promessas de Abraão, a primeira criatura dos Tempos novos, esteja no centro da história da salvação, Maria não duvida, mas toda glória disso jorra sobre aquele que *"lançou seu olhar"* sobre ela. Nunca mais belo retrato de mulher foi desenhado por ela mesma.

Tendo dito tudo o que tinha a dizer, Maria se cala, volta a serva, doa-se às humildes tarefas da casa. Mas enquanto suas mãos se ocupam, seu espírito voa para Nazaré, para José, seu marido, que pensa nela tanto quanto ela pensa nele.

Longe um do outro, eles descobrem uma espécie de presença sem presença. O outro não está ali, e no entanto está ali, por uma espécie de habitação íntima, como a da graça – e porque ela é uma graça. "Beata, evanesces esta luz que não me permite ver senão teu rosto" (Claudel). A separação apagou a luz dos olhares que se contemplam; mas ela faz ver melhor esse rosto interior no qual se expressa o melhor deles mesmos: a doçura terna, a paixão das coisas de Deus em Maria, a calma autoridade, a prudência, a "justiça" em José.

Pode-se pensar que eles se escreviam também ou ao menos se comunicavam as novidades. Sem dúvida o correio imperial, muito bem organizado, estava reservado às pessoas importantes; sem dúvida também os "portadores de cartas" cobravam caro para o magro orçamento de Maria e de José; mas circulava-se muito de um lugar para outro, os amigos, os mercadores ambulantes, os funcionários, os mendicantes faziam muitas idas e vindas entre Nazaré e Jerusalém, entre Jerusalém e o vilarejo de Isabel; e José, por seu ofício, era conhecido de todo mundo. Podiam também eles mandar um ao outro as novidades; eles eram necessariamente breves e neutros: como confiar a estrangeiros a linguagem de sua intimidade? Mas quando cada um recebia a mensagem do outro, havia certa intuição dos corações amantes, que discerne, sob palavras as mais simples, o sentimento profundo e indizível. Maria e José não estavam menos atentos aos sinais de seu amor que aos sinais de Deus.

Quão grande foi sua alegria ao se reencontrarem após algumas semanas!

O caminho para Belém

A vida seguia, contemplativa e ativa, na casa de Nazaré. Aproximava-se o fim da gravidez, e tudo fazia prever que o filho seria recebido em meio às humildes e doces coisas preparadas para ele, que lançaria seus primeiros olhares sobre as paredes desta casa onde o amor de seus pais havia construído um lar.

E bruscamente, inesperadamente, o golpe do destino. "Naqueles dias foi promulgado um decreto de César Augusto, determinando o recenseamento do mundo inteiro" (Lc 2,1). O edito espalhou-se certamente pelo povoado através do anunciador público, que soava a trombeta na praça e nas encruzilhadas das ruelas. Ninguém escapava dessa operação administrativa, que, parece, não estava prevista (caso contrário, José teria tomado suas providências com antecedência) nem podia ser adiada (senão José teria atendido antes ao nascimento de Jesus). É preciso partir imeditamente, e no estado em que Maria se encontra.

O punho de ferro da lei se abate mais uma vez sobre a história divina. E não será a última, nem para Jesus nem para a Igreja. José e Maria não se revoltam, não trapaceiam, não procuram escapatória. Eles dão a César o que é de César. Mas não enxergam eles mais longe? Não obedecem à ordem de César senão porque César, sem o saber, obedece a Deus? Essa grande desordem do recenseamento, que o poder político julga decidir, era na verdade querido por Deus para que seu Filho nascesse em Belém: é assim que o compreendem José e Maria, e eles se submetem a isso, não passivamente, mas com fé. Ao obedecerem à lei, estão obedecendo ao Pai.

E obedecem aos dois. Maria, estaria ela obrigada a fazer o recenseamento? Isso não é certo. Mas ela não quer deixar José. Depois de terem esperado tão longamente juntos, poderiam estar separados na chegada do menino? É a dois que eles vão tomar o caminho.

Um e outro preparam pois sua modesta bagagem: José deve ter alugado um burro, como para a ida de Maria até Isabel, pois não era questão de mobilizar um carro ou uma liteira, mais confortáveis, mas fora de suas posses. O burro será carregado com um alforje de duas sacolas; José enche um dos lados com cobertores, alguns utensílios, os que lhe serão úteis seja para organizar o local, seja para trabalhar se se apresentar a ocasião; Maria, no outro lado, guarda preciosamente todo o necessário para o nascimento e os primeiros socorros. É preciso deixar de lado o coração e escolher, prendendo-se apenas ao necessário; mas antes de tudo, a viagem será curta, e em breve voltarão à casa querida onde tudo está preparado para o filho. Um último olhar sobre as coisas bem organizadas, um "até breve" aos vizinhos, e ei-los a caminho.

Este caminho que seguem, eles o conhecem bem. Em todas as grandes festas, eles o fazem para subir até Jerusalém e ir ao Templo, no meio da alegre algazarra dos peregrinos que vão marcando seu caminhar cantado os "salmos dos peregrinos": "Eu me alegrei quando me disseram: vamos à casa de Javé" (Sl 122). Mas como tudo é diferente desta vez! Eles não vão a Jerusalém, só passarão pela Cidade Santa; não estão em peregrinação, foram convocados por um decreto imperial; não tomarão parte em uma alegria coletiva, estão preocupados com o nascimento da criança, que está próximo e será em condições difíceis. Não concluamos, porém, que José e Maria estão inquietos e atormentados. Não, estão envolvidos pela alegria radiante da chegada do menino. E a provação partilhada estreita seu amor. Maria se sabe protegida por José; dá mostras disso com um terno reconhecimento. Essa proteção vem do coração de José, e uma grande força toma conta dele para enfrentar as dificuldades; eles se sentem corajosos porque são dois para suportar a provação. E os dois acolhem essa provação como um sinal misterioso, mas certo, do amor do Pai: ele quer assim fortificar sua união, torna-os dignos da missão que lhes confiou. Não é assim com todos os lares que estão verdadeiramente motivados pela vida? As facilidades não são boas educadoras do amor; são necessários os obstáculos a serem vencidos.

O ponto de chegada está próximo. Atravessaram Jerusalém, mas sem lhe dar atenção. O espetáculo feérico da Cidade e do Templo, que faz pulsar o coração de todos os filhos de Israel, deixou-os quase indiferentes, pois para eles não é Jerusalém, é Belém que se torna o lugar mais sagrado da Terra. Até agora, Belém não era para José mais que o lugar de origem de sua família, onde ele mesmo provavelmente nem tinha nascido e onde não tinha vivido; e eis que nada mais existe fora dela. "E tu, Belém de Éfrata, tão pequena para estar entre os clãs de Judá, de ti sairá para mim aquele que deverá reinar sobre Israel", tinha profetizado Miqueias (5,1), e disso se recordarão os doutores do Sinédrio para orientar os Magos (Mt 2,5); mas essa profecia não havia encontrado eco na fé messiânica do Povo de Deus. É preciso a realidade, é preciso esta viagem forçada e improvisada para que José e Maria se lembrem dela e para que o nome de Belém ultrapasse em grandeza o da Cidade Santa. É nesta pequenina cidade, a duas horas de caminhada ainda, que está sua esperança, que sua oração prepara a vinda do Salvador.

Esta esperança e esta oração serão, aliás, os únicos preparativos da Natividade. Eles chegam a Belém extenuados de cansaço; aparentemente não conhecem ninguém que possa dar acolhida; José se detém então diante da hospedaria, espécie de caravançará: um quadrilátero a céu aberto onde se amontoam os animais, rodeado por um alpendre de madeira para abrigar as pessoas. Mas "não havia lugar para eles na hospedaria" (Lc 2,7). Sem dúvida, o recenseamento havia atraído muita gente; mas é para eles que não há lugar; os mais ricos encontraram alojamento. O estado de Maria não inspirava senão piedade, e os hoteleiros não gostam de acolher nem os nascimentos nem as mortes. Quaisquer que sejam as boas razões (sempre há boas razões!), "Ele veio para os seus, e os seus não o receberam" (Jo 1,11).

José e Maria vão em frente. A intenção de Deus é ainda mais incompreensível do que eles pensam. Quer Ele, será, que a criança nasça num desnudamento total? Eles se abandonam a essa vontade que os dirige, mas uma espécie de grande violência de amor se apodera deles por este pequenino que não tem nada daquilo que os outros têm – nada, senão o amor de seu pai e de sua mãe. Esse amor deve preencher tudo, bastar a tudo.

Alguém indicou, não longe dali, uma gruta escavada no flanco de um rochedo; ela servia, ou havia servido, de estábulo, e podia abrigar os vagabundos. José amontoa a palha para que Maria possa ali se deitar; ajudada por José, Maria desce com dificuldade de sua montaria empoeirada; deixa-se deslizar para o chão; José olha ao seu redor: onde colocarão o menino para que fique ao abrigo do frio? Num canto, a meia-altura, uma manjedoura para o gado, metade talhada na rocha,metade moldada em argila... Uma braça da palha mais macia, os panos por precaução trazidos na bagagem formam uma espécie de berço.

Casa de Nazaré, casa tão amorosamente preparada, como estás longe! Mas, uma vez que o Pai quis assim, que seja feito como Ele quer. Nada resta senão esperar...

"Um menino nasceu para nós"

É com gestos precisos e doces, quase rituais, que a criança é acolhida: ele é banhado e esfregado com sal (hoje ainda, os habitantes da Palestina dizem que isso fortalece a pele), é envolvido em faixas preparadas, posto um instante sobre os joelhos de José em sinal de legitimidade e de reconhecimento (e José deve então ter estremecido com tanta emoção!), é colocado no mais quentinho da palha. São Lucas precisa que Maria cumpriu, ela mesma, todos esses gestos; nada tendo sofrido no nascimento virginal, consagra suas forças, seus sentimentos, a preservar sua criança de todo contato rude, de toda friagem cortante. Esses gestos que ela jamais antes tinha feito, mas que viu outras fazerem, e nos quais ela pensa há meses, vêm-lhe quase instintivamente; e aquilo em que eles ainda têm pouca experiência é compensado por redobrada precaução e solicitude.

Neste momento, o menino repousa e dorme. Maria e José se olham, com olhos de pai e de mãe – ao mesmo tempo, como todo casal jovem olha seu primeiro filho, e, no entanto, muito diversamente.

Como todos os pais, eles são arrebatados pela beleza do pequenino. Esta beleza não é somente o frescor de um pequeno ser que nada ainda roçou, é como que tocada por um reflexo de Deus. A essa beleza supraterrestre, o menino junta uma beleza da Terra, da qual sobretudo José muito em breve vai compreender a origem. Pois ele pousa seus olhares ora sobre o bebê, ora sobre a jovem mãe inclinada sobre ele. E José é tocado por uma nova evidência: "Como eles se parecem!". É verdade: carne de sua carne, humanamente Jesus tem tudo de Maria. Esta boca pequena, estas faces, estas pálpebras fechadas, este oval do rosto, sim, é a própria Maria. José se convence dessa semelhança, que leva ao cúmulo seu amor por ele e por ela. Ele o diz a Maria, e ela, por sua vez, compraz-se com isso, como se fosse uma maravilhosa condescendência divina.

Mas essa admiração pela beleza da criança ultrapassa a simples felicidade de um pai e de uma mãe da Terra. Pois, se José e Maria não sabem ainda que seu filho é Deus, eles sabem que ele é o enviado de Deus. E sua ternura é envolta em um meigo respeito. Ele não se parece com nenhuma criança, porque é o filho do impossível, porque é a prova do Poder divino. Assim considerado, é teofania viva. E, diante dele, José e Maria experimentam o mesmo temor sagrado que prosternava os servos de Deus, os profetas e os pais da Antiga Aliança, todas as vezes que se sentiam testemunhas de uma manifestação do Poder criativo: Moisés diante da Sarça ardente, os hebreus sob os relâmpagos do Sinai, Jacó depois de sua visão noturna, Gedeão quando o Anjo fez jorrar sobre ele o fogo do rochedo, Isaías quando viu o próprio Deus entre os Serafins...

Mas que distância entre as teofanias espetaculares de outrora, ofuscantes, terrificantes, e a manifestação de Belém! As grandes Testemunhas de outros tempos deviam fechar os olhos para suportar o brilho da majestade divina. No estábulo, é preciso abri-los totalmente, tamanha a obscuridade a envolver as coisas e os seres, que torna essa Majestade pouco visível. Maria e José devem fazer apelo a toda a sua fé. É fácil prostrar-se quando se é submerso pelos relâmpagos, pelo trovão, pela luz, pelo canto dos anjos. Mas ali, durante esta noite silenciosa, esta solidão, este desnudamento total! Deus se manifesta na insignificância, no nada. E é sem dúvida um milagre, um "sinal", como será dito aos pastores, mas tão inverossímil, tão contrário a toda espera humana, e mesmo a todos os costumes de Deus! Jamais Deus ficou assim tão próximo dos homens, jamais tão escondido.

José e Maria, olhando para o menino adormecido, compreendem que a ordem das coisas foi invertida. A ordem das coisas é que os pais desejem o filho, decidem sua vinda. E, no entanto, foi ele que escolheu seu pai e sua mãe. Desde toda a eternidade o Pai dos céus pensou nesse filho, é por ele que os mundos foram criados, que os profetas falaram, que eles mesmos foram destinados à virgindade e ao casamento. Uma grande luz os envolve, e sua ação de graças é sem limites. Ser escolhido por Deus, ter disso um sentimento, uma certeza. Que pode acontecer de mais felicidade e transformar a prece em atitude de maior adoração? Ter sido escolhidos por seu filho, haverá alegria mais extraordinária para os pais? Enquanto, para os demais homens, os filhos devem reconhecimento pela vida que deles receberam, aqui são Maria e José que rendem graças ao Filho e a Deus, seu Pai.

E mais ainda. Este filho que vem do além, ele lhes foi confiado. Aqui re-encontramos o curso normal das coisas, mas tornado singular devido à origem sobrenatural de Jesus. Deus poderia ter querido que seu Messias não tivesse necessidade de proteção humana: por exemplo, se ele tivesse surgido já adulto ou se tivesse tido, de uma só vez, conhecimentos miraculosos, ou se tivesse vindo escoltado pelos anjos. Nada disso aconteceu com Jesus: ele recebe de seus pais a ciência dos homens, a proteção de sua infância e de sua juventude, a educação que fará dele um homem de seu tempo, de um meio, de uma raça, de uma religião. Em favor de José e de Maria, Deus se despojou de todos os seus direitos sobre o filho. Ele o confiou a eles. Ele os criou, inspirou, dirigiu, santificou para este momento e para esta missão, Ele lhes delega sua paternidade.

Jesus lhes foi verdadeiramente "dado". E ele foi dado ao seu casamento, ao seu amor. Para José e Maria, é a ocasião de acreditar mais em seu casamento. Uma nova solidariedade os une. Ao mesmo tempo em que olham o recém-nascido, que ouvem sua respiração calma, eles se abraçam instintivamente, como que para testemunhar nova aproximação de suas almas. Se o Cristo presente entre dois seres os une mais fortemente, quanto mais ele faz, nesta noite, por este homem e esta mulher que o amam e que se amam nele.

A homenagem dos pastores

Havia muita gente em Belém para o recenseamento. Ali, em particular, todos os descendentes de Davi, como José, deviam se inscrever. Não teria sido natural convocá-los para o presépio, para se prostrar diante daquele em quem se cumprem as promessas feitas a seu antepassado? Mas Deus tem outro desígnio. Ele quer um povo novo junto do Messias. Ele mesmo vai procurá-lo.

Se não quer membros da tribo davídica, chamará ao menos alguns importantes, que lhe rendam homenagem oficial? Ou os que moram nas fazendas ao redor, bem de vida, e que têm a importância social da estabilidade e da respeitabilidade? Não, ele se dirige àqueles em quem ninguém pensaria.

Quando se deixa a aldeia em direção ao Leste, atravessa-se logo o limite das terras cultivadas e entra-se nas pastagens espalhadas que anunciam o deserto; porque Belém, bem mais que Jerusalém, é a rainha do deserto; ali, pastores nômades, estranhos à vila, velam e tagarelam, depois de, aos berros, terem encurralado seu rebanho nos recintos cercados de pedras áridas ou de espinheiros emaranhados; eles mesmos se abrigam sob tendas ou em grutas abertas junto aos cercados.

É sobre eles que repousa o olhar de Deus. Será que é porque outrora Davi foi pastor? Ou porque outros homens de Deus, como os Patriarcas, como Amós, o profeta, haviam escutado sua voz no meio dos animais? É bem verdade que certa familiaridade com os grandes espaços, com o vento, com a noite, predispõe a perceber a palavra divina. Será isso ainda porque, desde sempre, os rebanhos são a imagem do Povo de Deus e os reis (e o próprio Messias) eram comparados aos pastores? Sim, sem dúvida, porque dentro do plano de Deus tudo se encaixa; e mesmo quando Ele faz as coisas maravilhosamente novas, Ele as liga a tradições que delas são o sinal. Mas, mais simplesmente, os pastores dos arredores de Belém representam os "pobres" para quais o Messias foi enviado, que o ouvem melhor que os ricos, e dos quais José e Maria encarnam o modelo ideal.

A profissão de pastor não estava na estima dos bem-pensantes; um dito antigo a incluía até entre os "ofícios de bandidos", por ser uma profissão na qual um judeu honesto jamais devia empregar seu filho, sob pena de desonra; os rabinos eram severos com essa gente que, pelo seu nomadismo, era mantida afastada das sinagogas, das observâncias rituais e de sua influência. Para Lucas, o evangelista dos pobres, eles são esses "pequenos" aos quais o Pai quer revelar seu mistério (Lc 10,21), porque nenhuma vaidade os fecha para a graça. E quando Maria, na sequência dos tempos, escolher testemunhas para suas aparições (em Lourdes, em Salete, em Pontmain, em Fátima...), ela mesma se volta também para os humildes, para os pastores, para aqueles que mais se assemelham aos pastores de Belém.

Esses esquecidos terão direito a uma manifestação suntuosa. Não lhes aparece só um anjo, como nas teofanias tradicionais, como na anunciação a Maria e a José, mas uma luz resplendente os envolve, à qual Lucas dá o nome de *"glória do Senhor"*, lembrando assim aquela que atestava a presença de Deus em Israel durante o Êxodo e que havia aparecido por ocasião da consagração do Templo de Jerusalém: "Quando os sacerdotes saíram do santuário, a nuvem encheu o templo de Javé, e os sacerdotes não puderam continuar sua função por causa da nuvem, porque a glória de Javé enchia o templo de Javé" (1Rs 8,10-11). Mas não se viu jamais isso em pleno campo, longe de todo lugar sagrado, e em favor de gente assim tão modesta. E, entretanto, isso era bem real: "Apresentou-se junto deles um anjo do Senhor, e a glória do Senhor os envolveu em luz..." (Lc 2,9).

Sacudidos pela aparição, maravilhados por essa luz insólita, os pastores ficaram assombrados. Mas o Anjo logo os tranquiliza e lhes diz: "Não tenhais medo, pois vos anuncio uma grande alegria, que será para todo o povo: Hoje, na cidade de Davi, nasceu para vós um Salvador, que é o Cristo Senhor" (Lc 2,10-11). O tema da alegria domina tudo: uma alegria supraterrestre, uma alegria que deve inundar o coração daqueles que acreditam em Deus, a alegria de ser salvo. Quem sabe, os pastores não deram atenção senão à palavra "Messias", que sempre designou um homem na Bíblia e aqui se aproxima de "Senhor", que sempre foi reservada para Deus. E o Anjo logo fez seguir ao anúncio um apelo para que partissem: "Isto vos servirá de sinal: encontrareis um menino envolto em faixas e deitado num presépio" (Lc 2,12).

Eis, além disso, para completar sua certeza, uma nova glória que se manifesta, mas desta vez em pleno céu: "No mesmo instante, juntou-se ao anjo grande multidão do exército celeste, louvando a Deus e dizendo: 'Glória a Deus nas alturas e paz na Terra aos homens por ele amados'" (Lc 2,13-14).

Nós não vimos anjos ao redor de Maria e de José no momento do nascimento: só eles, eles que reuniam mais amor que a multidão celeste, e cuja fé não precisava de qualquer prodígio para ser total. Mas a cena oferecida aos pastores, afora o valor que dá a eles, torna sensível a participação de todo o céu na alegria da Terra – alegria que toma conta de apenas um punhado de corações simples. O Antigo Testamento raramente nos mostra a multidão dos anjos; hoje, eles estão ali em grande número para que sua unânime glória e sua alegria cantante façam contraponto à miséria terrena do Salvador e à indiferença da humanidade.

Sua aclamação triunfal ressoa ainda na alma dos pastores enquanto se dirigem para o presépio. O céu, aberto um instante, tornou a fechar-se, a noite tornou a cair. Eles caminham na penumbra, apressados e procurando um lugar. Está ali. Certamente José terá acendido uma lâmpada a óleo ou um braseiro de espinhos para aquecer a gruta. Eles avançam a cabeça pela abertura: sim, ali estão mesmo o homem, a mulher e aquela criança viva na manjedoura. Dão alguns passos, embaraçados, temerosos por essa estranheza, por essa grandeza toda invisível.

Maria nem se mexeu; não compete a ela fazer a acolhida; mas seus olhos brilham de felicidade, como toda mãe cujo filho se vem ver e admirar. José se levanta e saúda os que chegam, com essas fórmulas ao mesmo tempo prudentes, cerimoniosas e abundantes, das quais tanto gostam os orientais. Ele conta um pouco, muito pouco, da maravilhosa história, que é ainda o segredo de Deus. Mas, sobretudo, ele faz os pastores se aproximarem do berço e contemplarem o menino adormecido. Termina ali seu papel; ele não tem revelação a fazer, mensagem a dar, conversão a pregar; ele não é nem um apóstolo nem um evangelista, é apenas o pai, que protege a criança e que a mostra àqueles que a amam.

Os pastores partem e, contando o que viram, provocam nos que os ouvem mais surpresa que verdadeira fé (a palavra "maravilhamento" que Lucas emprega designará mais tarde, em seu evangelho, as reações incompreensíveis da multidão diante das palavras ou milagres de Jesus). Enquanto isso, Maria e José, voltados para sua solidão, sorriem um para o outro; vieram ver seu menino; um pouco de sua alegria toma agora conta dos pastores, essa gente brava e simples, esses "pobres" a quem é prometido o Reino; não são só o pai e a mãe felizes, com essa felicidade humana e divina que é um reflexo da felicidade de Deus. Seu menino começou a conquistar o mundo, e foi o próprio Pai que enviou os primeiros "convertidos".

E Lucas nota, agora com ponderação, pela primeira vez: "Maria, porém, conservava todas essas recordações, meditando-as em seu coração" (2,19). É de Maria que ele ouvirá as narrações da infância, pois era só ela a tê-las vivido; ouvindo-a, ele tinha observado essa capacidade de se lembrar, ou, antes, de meditar sobre as lembranças, de lhes tirar o significado oculto e nelas procurar o nutrimento de sua alma. Antes de Lucas, José já havia tido um primeiro testemunho dessa força de penetração espiritual. Se

Maria, muito tempo mais tarde, confidenciou a Lucas sua compreensão dos acontecimentos, pode-se pensar que, no tempo de Belém e de Nazaré, ela contava para José tudo o que descobria, pouco a pouco, meditando e orando. E José então amava com humildade e reconhecimento aquela que lhe permitia penetrar mais no mistério dos caminhos de Deus e no mistério de seu filho.

A circuncisão e o nome de Jesus

Maria e José deixaram a gruta, muito incômoda, mas permaneceram em Belém. Eles devem ter alugado um cômodo ou uma casa. São dias de felicidade, sem história, como conhecem os jovens pais. Maria aprende sua tarefa de mãe, dá de mamar a Jesus, como fazem todas as mães em Israel, sendo que ao mesmo tempo o leite de sua ternura humana nutre o coração da criança. José se inicia no ofício de pai; toma em suas mãos rudes, mas hábeis, o corpo pequeno e frágil, movendo-o com cuidados que aos poucos se tornam familiares. Ao mesmo tempo em que José e Maria aprendem como ser pai e ser mãe, Jesus, o próprio Deus, aprende a ser filho; ele se deixa balouçar no berço, nutrir, cuidar, e responde ao carinho de seus pais com as humildes reações de um pequenino, nas quais transparece a maravilhosa ternura divina. Sim, são dias felizes, em que transborda o amor de Maria e de José em sua jovem maternidade e paternidade.

Dois acontecimentos marcam, entretanto, essas horas tranquilas: a circuncisão e a imposição de um nome a Jesus.

Jesus foi circuncidado no oitavo dia, segundo a tradição e a Lei (Lv 12,3; Gn 17,12). Quem fez essa pequena operação? Nos tempos antigos, era o pai de família, excepcionalmente a mãe; depois, ela foi confiada a um especialista, *o mohel,* pois, embora fácil, devia ser cuidadosamente feita. Assim deve sem dúvida ter sido feito com Jesus. Não nos prendamos muito a este primeiro sangue vertido, pois a dor foi logo apaziguada, as poucas gotas logo secaram, e o ferimento sarou em três dias. Vejamos antes o sentido profundo, o sentido religioso, desse ato ritual que é coisa totalmente outra que uma simples medida de higiene.

Primitivamente, em numerosas raças, a circuncisão, feita na puberdade, era, ao mesmo tempo, um rito de nubilidade e de entrada oficial na vida do clã; declarava simultaneamente a aptidão ao casamento e à vida social. Em Israel, esse simbolismo original, sem desaparecer, tinha assumido um significado bem mais elevado: a circuncisão tornou-se o sinal da Aliança – do casamento – entre Deus e seu povo. A declaração tinha sido feita a Abraão com uma força inaudita: "Devereis circuncidar a carne de vosso prepúcio: esse será o sinal da aliança entre mim e vós... Deve ser circuncidado o escravo nascido em casa e o que é comprado por dinheiro; assim, minha aliança estará em vossa carne como uma aliança perene. Mas o incircunciso, isto é, aquele ao qual não foi circuncidada a carne do prepúcio, seja eliminado do povo, porque violou minha aliança" (Gn 17,11 e 13-14). Daí a obrigação tão rigorosa de circuncidar o filho homem: porque sem a circuncisão não há participação no Povo de Deus, não há Aliança, não há salvação.

Este sentido espiritual era bem expresso pelas palavras que acompanhavam a circuncisão. Foi certamente José que recitou a bela fórmula de bênção: "Bendito sejas tu, Eterno nosso Deus, rei do universo, que nos prescreveste fazer entrar o filho na aliança de Abraão, nosso pai". E Maria e o *mohel* responderam, segundo o costume: "Como ele entrou na aliança de Abraão, possa entrar também no estudo da Torá e no cumprimento das boas ações".

Nesse dia, Jesus se tornou filho de Israel, um pequeno judeu de verdade. A encarnação quis que ele fosse verdadeiramente homem, e, portanto, de um meio, de uma raça, de uma religião: aquele que havia de estabelecer a nova Aliança devia carregar o sinal da Aliança antiga, que da nova era figura.

Ao mesmo tempo em que fazem circuncidar seu filho, José e Maria lhe dão o nome prescrito pelo anjo: Jesus. Foi sem dúvida José quem lhe impôs o nome, de acordo com a ordem explícita recebida do anjo (Mt 1,21), assumindo assim plenamente sua paternidade e seu papel de chefe de família. Ou, então, os dois lhe colocaram o nome, pois que Maria, ela também, havia recebido a mesma ordem (Lc 1,31): nesse caso, sua solidariedade reforça o laço que os unia em seu casamento e, portanto, em sua fecundidade.

Dar o nome a uma criança é ainda entre nós uma doce tarefa familiar: consulta-se, escolhe-se, sabendo que o nome será verdadeiramente alguma coisa de íntimo e pessoal, voltado à intimidade e ao amor – sabendo também que se invoca sobre a criança a proteção de um santo. Em Israel e no Antigo Oriente, era um ato mais solene ainda, pois o nome, ligado à pessoa, identificava-se, por assim dizer, com ela e com seu destino. Toda vez que Deus se apoderou da vida de alguém, para dela mudar o rumo, ele lhe deu um nome novo: Abrão tornou-se Abraão (pai de uma multidão de povos); Sarai, Sara (princesa); Jacob, Israel (forte contra Deus). E isso era particularmente verdadeiro nos nomes "teóforos", quer dizer, nos nomes que incluíam o nome de Deus, El ou Ya, e que invocavam assim uma proteção divina toda especial sobre o pequeno ser: Daniel (Deus é meu juiz), Eliacim (a quem Deus eleva), Amasias (Deus é forte).

O nome de Jesus é assim; o anjo precisou que ele quer dizer "Deus salva", *"pois ele salvará o povo de seus pecados"* (Mt 1,21). Era o nome que Moisés tinha imposto, sob a forma de Josué, ao jovem Oseias, para ser o libertador de Israel (Nm 13,16). Mas o novo salvador não será parecido com ele: sua "libertação" será a do pecado, e, se ele verte sangue, será o seu, não o de outros.

Por ora, na pequena casa de Belém, o nome de Jesus, Yeshouah, não tem ainda o significado que terá um dia sobre a cruz – nem a força que tomará na boca dos Apóstolos, para curar os doentes, fazer milagres, expulsar demônios. Ele não designa mais que um menino aparentemente como os outros, ele não é empregado senão por um pai e por uma mãe ao chamarem seu filho – mas com aquela doçura, com aquela ternura e aquele respeito! Jamais esse nome adorável será pronunciado com tanto amor e tanta fé. Eles o dizem para o próprio Jesus, que aos poucos se habitua a ouvi-lo dos lábios deles, e ao qual logo responderá com um olhar ou um sorriso. Eles o dizem entre si, ao falar dele, e essa palavra se torna a expressão sensível e viva da intimidade que os une. Eles o dizem também na redondeza, para seus amigos e seus conhecidos, e é como se levassem a todos uma mensagem de paz. Esse nome toma assim posse de Maria e de José, docemente, irresistivelmente, com uma força que nenhum nome sobre a Terra tem, pois é para a eternidade o nome do Deus feito Homem.

Apresentação de Jesus no Templo

Sempre fiéis à observância da Lei, José e Maria, ao cabo de quarenta dias, sobem ao Templo de Jerusalém para as cerimônias de purificação e de resgate (Lc 2,22-24).

Maria, que é toda pureza, a Imaculada, nada tinha a ser purificado nem tinha de se resgatar de alguma mancha, mesmo legal. Mas era necessário que ela não fosse diferente, que permanecesse no anonimato de todas as mães de Israel que, naquele mesmo dia, viriam pedir ao sacerdote a purificação ritual. Com a humildade que é da sua natureza, consentimento a todas as vontades de Deus, ela se sujeita a uma obrigação que não lhe concerne.[9]

A Lei previa também o resgate dos primogênitos com cinco ciclos de prata. Lucas não menciona esta particularidade. É verdade que a Lei admitia uma exceção à regra, para os filhos dos Levitas; estes eram consagrados ao Senhor desde sua infância e deviam assim permanecer por toda a sua vida: não precisavam, portanto, ser resgatados. Lucas compara Jesus aos filhos de Levi: mesmo que ele não afir-

---

[9] A propósito da purificação, do resgate e da apresentação no Templo, ver a interessante análise proposta por R. Laurentin, *op. cit.*, p. 91-98.

me explicitamente que o menino pertence a essa classe sacerdotal, vê nele o "santo", o "consagrado" por excelência, e a esse título aplica a exceção prevista para os Levitas.

Entretanto, não é o cerimonial da purificação e do resgate que domina esta cena, e sim o da Apresentação. Para lhe dar tal importância, Lucas se recorda talvez que o jovem Samuel foi apresentado ao templo de Javé em Silo (1Sm, 24-28) ou ainda que, segundo a profecia de Malaquias, "De repente entrará em seu santuário o Senhor, que vós procurais... ele purificará os filhos de Levi... e eles se tornarão para Javé os que apresentam a oferenda como se deve" (Ml 3,1-3). Uma oferenda "como se deve", uma oferenda pela primeira vez digna de Deus: eis o que José e Maria levam para o Templo.

Na manhã do quadragésimo dia, eles estão, pois, a caminho de Jerusalém, seu pequeno fardo debaixo do braço. A primavera vai começar; tudo está bonito e cheio de frescor; os primeiros brotos de erva reverdecem os declives do caminho, as primeiras anêmonas mostram suas cabecinhas vermelhas, estão em flor as amendoeiras. Mas essa alegria da natureza em nada se compara com a sua alegria: pela primeira vez depois do nascimento, eles sobem ao Templo, pela primeira vez vão apresentar oficialmente seu filho na Casa do Pai. Como ao virem para Belém, eles murmuram seus "salmos dos peregrinos", que ritmavam sua marcha pela estrada em direção à Cidade Santa, para proclamar sua indizível alegria. E que ressonância têm para Maria e José versos como estes do salmo 131:

> Javé, meu coração não se orgulha
> nem é soberbo meu olhar.
> Não ando atrás de grandezas
> nem de coisas superiores a minhas forças.
> Ao contrário, eu me acalmo e tranquilizo,
> como criança desmamada no colo da mãe,
> como criança desmamada é minha alma.

Eles chegam ao Templo, confundidos com a multidão. Por meio siclo, compram, de um dos mercadores que invadem o adro, duas pombinhas, destinadas ao sacrifício: duas pombinhas, e não um cordeiro, porque são pobres, e porque, mesmo diante de Deus, continuam em sua condição. Depois penetram sob os altos pórticos, José levando as pombinhas, Maria com o menino no colo; estão temerosos, intimidados, mas profundamente felizes. Chegam ao sacerdote, que recebe a oferenda.

O contraste é absoluto entre o gritante esplendor do Templo, seus sacerdotes em grandes vestes, a multidão colorida e barulhenta, a liturgia suntuosa e este casal jovem que parece um pouco perdido e no qual ninguém presta atenção: cada dia são tantos que por ali passam! Olhando, porém, as coisas do interior, que espetáculo mais impressionante: "Por isso, ao entrar no mundo, Cristo diz: 'Vós não quisestes sacrifício nem oblação, mas me formastes um corpo. Holocaustos e sacrifícios pelos pecados não vos agradaram. Então eu disse: Eis-me aqui, eu venho, ó Deus, para fazer vossa vontade!'" (Hb 10,5-7). Desaparecem o Templo e seu esplendor em comparação com esta oferenda digna de Deus. Nada mais existe senão este menino e seu Pai, que o olha com amor.

Maria e José entreveem o alcance de seu gesto. Mas experimentam também, em profundidade, uma das alegrias mais certas do amor: não somos felizes quando podemos oferecer juntos o que amamos a alguém que amamos? E, nesse minuto, tudo isso atinge a perfeição: José e Maria estão juntos, unidos pela mais perfeita união conjugal; eles oferecem o que têm de mais caro no mundo: o filho que lhes vem de Deus; e o oferecem àquele ao qual sua vida está consagrada. A alegria de oferecer, que está no fundo de toda união humana, encontra, junto desse pai, dessa mãe, desse menino, seu mais alto cumprimento.

Mas serão apenas eles a compreender? Não! Se os sacerdotes e a multidão permanecem indiferentes, dois personagens irão destacar-se e vir até eles.

O primeiro "é um homem chamado Simeão" (Lc 2,25). Quem é ele? Nada o distingue particularmente; não é um dignitário nem um sacerdote, pois ele não vem ao Templo para cumprir seu ofício; é propriamente um desconhecido, de modesta condição, como todos os que Lucas nos apresenta na sua narração da infância. Simeão irá, entretanto, dizer grandes coisas – as últimas das quais terríveis.

Ele toma o menino dos braços de Maria e se põe a profetizar. Suas palavras têm, ao mesmo tempo, a doçura e o abandono a Deus de quando se está na tarde da vida e a exaltação sobre-humana de ter contemplado, antes de morrer, "a salvação que preparastes diante de todos os povos, luz para iluminar as nações e glória de Israel, vosso povo" (Lc 2,30-32). A missão de Jesus estende-se aos confins do mundo: ele será o salvador de seu povo, certo, mas será também aquele que salva a humanidade. Uma alegria maior envolve Maria e José, de curta duração, porém, pois Simeão, voltando-se para Maria e dirigindo-se somente a ela, ajunta: "Esse menino vai causar a queda e a elevação de muitos em Israel; ele será um sinal de contradição..." (Lc 2,34). Assim, os homens que ele salvará se repartirão em dois campos: aqueles que serão por ele e aqueles que serão contra ele. Será que seu filho, o filho de seu amor, não será amado? Mas a voz de Simeão não é menos grave agora: "... e a ti própria, uma espada te transpassará a alma".

Quais são as reações de José e de Maria a tal anúncio? Para Maria, a metáfora da "espada" (tirada ou não da Bíblia, ela fala por si) significa que ela sofrerá. Até onde? Não se sabe, mas de antemão é bom prever o pior: a Paixão está toda inteira nesta profecia. Desde agora, Maria já não poderá olhar Jesus sem sonhar com as lutas e as provações que esperam seu filho, sem experimentar a ponta da espada. Mas, ao mesmo tempo, uma alegria estranha e nova a invade: se Jesus sofre, ela sofrerá com ele, e essa será a consagração derradeira de seu amor.

E José, ouvindo Simeão, pensa em Jesus, certamente, mas em Maria também, que vai tornar-se Mãe das Dores; a essa evocação, uma espada o trespassa também: qual homem não ficaria torturado ao pensar que aquela que ele ama será conduzida até a agonia do coração? E não pensa ele também em si mesmo, ou, antes, em sua missão de guardião e de protetor? Simeão não se endereçou senão a Maria; é preciso entender que ele, José, não estará mais lá, quando seu filho e sua esposa sofrerão dores de morte? Foi-lhe necessária uma coragem sobre-humana para suportar esse pensamento, e uma fé heroica para abandonar-se à vontade de Deus. Pois se precisa de mais coragem, de mais fé para abandonar no perigo aqueles a quem se ama, do que para acompanhá-los e ampará-los.

Nesse momento, outra figura surge junto deles; uma velhinha, risonha, delgada, que para todo mundo se identificava com os móveis, os utensílios, as colunas do Templo. Ela se chamava Ana, mas quem sabia seu nome? Fora casada; ao enviuvar, consagrou-se à oração; invisível a todos, não era senão sombra e silêncio no meio das magnificências e do barulho. E eis que a sombra muda se põe a falar. Todos se voltam, todos sorriem. E que acontece então? "Ela se pôs a bendizer a Deus e a falar do menino a todos os que esperavam a libertação de Jerusalém" (Lc 2,38). Enquanto todos se ajuntam ao redor dela, Maria e José se esquivam com o menino; não lhes compete anunciar a novidade; eles são o pai e a mãe, não os Apóstolos. Mas esta última visão, tão inaudita, persegue-os e devolve-os à alegria que havia pouco se turvara. Sim, depois de tudo, é bem a salvação do mundo que está entre seus braços – e nenhum sofrimento pode diminuir esta certeza. Sim, ele está ali com eles, este pequenino ser sobre quem pesa um prodigioso destino, mas que, no momento, é apenas seu filho.

A visita dos Magos

A vida foi retomada na pequena casa de Belém, esperando o retorno a Nazaré. Os três ficaram lá durante algumas semanas, quando um acontecimento nunca visto se produziu. Numa tarde, uma caravana, poeirenta e visivelmente fatigada de uma longa viagem, posta-se diante de sua casa. Grande comoção em uma região fora das rotas de trânsito e onde não se viam senão alguns raros camelos conduzidos por comboieiros do lugar ou por camponeses dos arredores vindos para o mercado. E os que acabam de chegar têm um jeito diferente; são aparentemente ricos, como o testemunham sua segurança, sua vestimenta, suas bagagens. Quem são? Que vieram fazer?

José e Maria não o compreendem de pronto, mas sua surpresa só aumenta. Estes homens nada têm em comum com os que até agora estão interessados em seu filho: Isabel e Zacarias, os pastores, Simeão, Ana. São "magos vindos do Oriente" (Mt 2,1). Que isso quer dizer? Em grego, a palavra "mago" tem um sentido determinado e quase oficial e, entre os Persas, era atribuída aos seus chefes espirituais. Quanto ao termo "Oriente", ele designa todos os países além do mar Morto. Os presentes trazidos pelos magos são tipicamente produtos da Arábia. Podiam, pois, não ser nem persas nem sacerdotes, mas, segundo outro sentido menos preciso da palavra "mago", especialistas em astronomia do tempo (quer dizer, em astrologia), que então não tinham boa reputação, porque voluntariamente se entregavam à feitiçaria e à bruxaria. Entretanto, Mateus não coloca nenhuma nuança pejorativa em sua qualificação, bem ao contrário. Retenhamos, portanto, que eles pertenciam a uma classe livre (uma "profissão liberal", diríamos nós), e que sua ciência em astronomia fazia deles intelectuais: por esse duplo título, eles se distinguiam, desde já, não somente dos primeiros adoradores do Messias, mas também daqueles que o escutarão em seguida, pois haverá bem poucos ricos ou homens de ciência entre os discípulos.

Outra coisa os distingue: eles não são judeus. Sem dúvida devem ter ouvido falar da religião de Israel e da esperança de um Rei-Messias. As ideias messiânicas dos judeus, que certamente tinham penetrado na Arábia, atraíram-nos e os seduziram. Sua curiosidade os incitou a utilizar seus conhecimentos de astrologia nessa direção. Afora a grande escola de astronomia de Alexandria, ninguém no Oriente se preocupava com as estrelas e os planetas senão para predizer o destino dos filhos nascidos sob tal ou tal influência. Nós conhecemos isso, de uma maneira menos científica, através do sucesso popular dos horóscopos. Estes magos eram eminentemente almas de boa vontade, totalmente prontos a acolher um sinal que lhes viesse de suas queridas estrelas. E eis que o sinal apareceu.

Maria e José, escutando-os, vão de surpresa em surpresa. A seu estupor se junta agora uma nova admiração pelos caminhos do Senhor. Esses homens sérios, aplicados ao estudo do céu, desejosos de assim decifrar o futuro, viram um fenômeno celeste desconhecido, um meteoro ou qualquer outra estrela (não sabemos nada mais que eles a esse respeito); e, associando o aparecimento do astro à chegada do Rei-Messias, partiram sob a conduta da estrela na direção de Jerusalém. Os magos continuam a falar, e de repente o coração de José e de Maria se fecha. Eles dizem que com efeito passaram por Herodes, que este convocou o Sinédrio, e o Sinédrio consultou o texto de Miqueias 5,1 (o único profeta que falou do nascimento em Belém!), e Herodes por sua vez virá render homenagem ao pequeno rei. Visivelmente, eles ignoram tudo do velho tirano, e ignoram que, para os que chegarem a conhecer esse gracejo final (vir render homenagem), ele terminará em sangue. José e Maria medem o perigo desse alerta imprevisto.

Mas a hora não é para se apavorar nem explicar aos magos as apreensões produzidas por sua proposta. Aliás, estes têm coisa melhor a fazer. Eles desamarram seus sacos de viagem, abrem-nos e deles tiram preciosos tesouros: ouro, incenso e resina perfumada a que se chama de mirra. Mais tarde vão-se tirar disso engenhosos simbolismos: o ouro é oferecido ao rei, o incenso a Deus, a mirra àquele que será sepultado um dia. Em verdade, os magos estavam carregados de produtos que se ia de preferência comprar em seu país. E se eles trouxeram tais presentes, é simplesmente porque, segundo o costume, presentes eram o acompanhamento obrigatório de uma homenagem rendida a um grande, sobretudo a um rei.

Este rei, portanto, não é como os demais. Os magos não teriam nenhum motivo para virem a um rei da Judeia; o menino é o Messias, o Salvador do mundo; e é por isso que eles se prostram, sem prestar atenção a esse cenário tão pobre, a esse pequeno quarto de chão batido e pisado. Num impulso, eles dobram o joelho, depois sobre as mãos inclinam a cabeça até a terra, no gesto de adoração. É por isso, unicamente por isso, que vieram de tão longe. Maria e José, de princípio um pouco incomodados diante desses hóspedes inesperados e opulentos, diante desses presentes propriamente reais, diante da invasão de sua modesta morada, não olham mais que essa prostração silenciosa. E uma grande alegria os inunda. Estes homens são os primeiros a vir de entre os gentios, dessas "nações" das quais Israel sempre se protegeu e que são consideradas como pestilência e mancha. Mas eles também são chamados ao Reino, à Salvação. E na memória de Maria e de José passa a profecia de Isaías:

> Reuni-vos e vinde! Aproximai-vos todos juntos,
> sobreviventes das nações!
> Voltai-vos para mim e sereis salvos,
> todos os confins da terra!
> Pois eu sou Deus e não há outro (Is 45, 20,22).

Assim, a realeza de seu filho não se limitará a Israel. Ela ganhará o coração de todos os homens de boa vontade. O amor de José e de Maria por Jesus dilata-se ao infinito, ele abraça, sem limites de raças nem de fronteiras, a multidão daqueles que até o fim dos tempos amarão seu filho.

Os magos se levantam. Eles se estendem para dormir, enrolados em seus espessos cobertores de viagem. Curto repouso, pois o drama se prepara. Recebem em sonho a ordem de partir. Levantam-se, arriam seus camelos e se colocam na estrada do deserto do Sul. Pela providência divina, Herodes, a velha raposa, foi enganado. Mas Maria e José sabem que não é por muito tempo e que seu furor será na medida de sua humilhação. Eles se apertam um contra o outro e apertam seu filho. A hora da alegria passou; agora é a hora da coragem.

A fuga para o Egito

Bem logo depois da partida dos magos, um ou dois dias depois, o sono inquieto de José é atravessado por uma visão divina. O sono é na Bíblia o tempo da visita de Deus, talvez porque o homem, dormindo, já não sendo senhor de si, não estando ocupado com as coisas exteriores, seja mais dócil aos apelos interiores.

O Anjo do Senhor se dirige a José, e a ele apenas, e lhe diz o que deve fazer em seguida (Mt 2.13.19.22). Ele reconhece assim seu papel de chefe de família. E, de fato, José toma as disposições necessárias: "José levantou-se, tomou de noite o menino e sua mãe e partiu para o Egito" (Mt 2,14).

Esta autoridade e esta submissão obrigam-nos a refletir. Pois, se José e Maria eram profundamente unidos e igualmente dóceis a todos os apelos de Deus, a santidade de Maria não era igual à de José: sua inteligência do mistério, a intensidade de sua caridade e tudo o que sua maternidade lhe havia revelado do amor divino davam a ela uma dignidade espiritual sobre-eminente, e José, melhor do que ninguém, podia reconhecê-la. Pode-se mesmo dizer que seu amor por ela, penetrado de admiração, devia fazer-se humildemente dócil para, em companhia de Maria, penetrar no que ela lhe revelava de Deus e de Jesus. Havia, entre esses dois seres de exceção, uma espécie de hierarquia de valores que era, ao mesmo tempo, um dos componentes e uma das riquezas de seu amor.

Mas, na ordem da ação, é José quem tem a prioridade que ele exerce sem falhar, com todo conhecimento de causa. A autoridade não está, pois, ligada ao valor. Ela é uma função em vista da condução da família (como de todo corpo social) nos caminhos de Deus.

Dito isso, não esqueçamos que a autoridade de José estava toda envolta em obediência a Deus e em amor por Maria. De obediência a Deus, pois nós vemos bem, no Evangelho mesmo, que antes de dar as ordens, ele as recebe – e sua perfeita docilidade e sua fé total na palavra de Deus alicerçam suas decisões e a confiança de Maria. Mas essa autoridade é também toda penetrada de amor: ele tem a responsabilidade sobre Maria e sobre o menino, tem o dever de protegê-los; e essa responsabilidade e esse dever são formas autênticas de seu amor de esposo e de pai.

Repisemos ainda que na narração evangélica a ordem do Anjo está limitada no tempo: "Fica lá até eu te avisar" (Mt 2,13). Deus não quer senão comandar a ação imediata; é uma ordem de curta duração. Assim, José, Maria e o menino permanecem inteiramente na mão de Deus. A cada dia bastam sua pena e sua graça. Há aí um abandono profundo na Providência, na recusa de planejar o dia de amanhã.

Uma vez tudo observado e conferido, a partida é imediata. Na noite clara, o pequeno grupo com suas mínimas bagagens contorna a cidade adormecida e toma o caminho do Sul. É a terceira vez que é preciso abandonar o lar: depois de Nazaré, da gruta, de Belém, onde vai ele se reconstituir? E que diferença entre este caminho e os precedentes! Até agora, foram guiados por uma meta que convidava a ir avante; agora, no entanto, são empurrados pelo medo, por uma ameaça que espreita. Esse medo cria um laço novo entre José e Maria: o menino que eles haviam sucessivamente esperado, acolhido, acariciado, apresentado aos pastores e aos magos, oferecido no Templo, eis que é preciso protegê-lo, defendê-lo. E ali estão só eles para fazer isso, o pai e a mãe; que fazem no céu os anjos que anunciaram sua vinda aos pastores? O querubim do paraíso com sua espada flamejante? E o anjo de Balaão com seu gládio? E aquele de Davi, que fez perecerem sessenta e dois mil homens pela peste? Nenhum deles está ali para o Filho de Deus. Ele não tem essa noite senão seu pai e sua mãe. Mas sua responsabilidade não os aniquila, eles se sentem ao mesmo tempo desarmados e fortes, não só porque Deus está com eles, mas porque eles são dois, e dois que se amam, para defender seu filho.

Para onde se dirigem? Eles poderiam ter fugido para a Arábia com os magos. Mas a Arábia não é nada para Israel, ao contrário do Egito! Pode-se dizer que ele sempre fascinou o povo de Deus. De certa forma, ele é inimigo hereditário: historicamente oprimiu os hebreus, espiritualmente é uma sedução fácil para os que não têm ideal, é uma terra de idolatria e de magia que desvia os israelitas de seu Deus e de quem se deve desconfiar como da peste. Mas, de outra parte, esse país de abundância e de hospitalidade foi o refúgio dos famosos patriarcas, dos proscritos, dos vencidos, antes de se tornar o de Jesus fugitivo. O Egito tem toda a ambiguidade dos poderes temporais que podem ser corruptores ou perseguidores, mas que podem também oferecer a segurança material, sem a qual os homens de Deus não têm mais que fugir ou morrer.

Mateus indica, num rasgo, o sentido bíblico da fuga para o Egito: "Para se cumprir o que o Senhor falou pelo profeta, com as palavras: 'Do Egito chamei meu filho'" (2,15). Trata-se evidentemente da volta; mas ele não teria tido de voltar se não tivesse tido de ir. Mateus visivelmente tenta aproximar a estada e a volta de Jesus da estada do Povo de Deus no Egito e de sua saída de lá. No mesmo rasgo, ele situa a viagem da sagrada família sob o signo desse "tempo do deserto" do qual Israel sempre guardou nostalgia, porque era o tempo da vida com Deus.

Evoquemos, pois, esses poucos dias, essas poucas noites, durante as quais Maria, José e Jesus atravessam o deserto. Nenhum milagre os marca, pois o tempo dos milagres passou, e agora é o tempo da fé. Inútil por isso inventar um conto de fadas, como o fizeram os apócrifos: bandidos que, vindo pilhar e saquear, se convertem e se ajoelham; leões que se domesticam, palmeiras que inclinam seus cachos de tâmaras... A verdade é mais bela na sua simplicidade. Malgrado o medo que os estreita, Maria e José são sensíveis a estas vastas extensões silenciosas, à irradiação da luz sobre a areia e os rochedos, à frescura das copas das árvores, à escuridão imensa e fervilhante de estrelas. É a própria criação que os envolve com sua presença – não a criação amável, viva e como que civilizada que eles conheceram até aqui – mas o poema radioso e concreto da luz, do céu e da terra, em sua nudez original. Ali eles experimentam uma espécie de desnudamento novo, como também a proximidade da Majestade criadora.

Enquanto caminham assim pelos areais e os rochedos, um drama medonho se desenrola atrás deles. Herodes, enganado, irritou-se. Ordenou a matança de todas as crianças do sexo masculino de até dois anos, em Belém e nos arredores. Quantos são os que desaparecem? Uma vintena, calcula-se. É pouco, se se pensa em outras mortandades, no mundo antigo e no nosso. É muito se se pensa no valor da vida humana. E Mateus se faz eco das mães endoidecidas citando Jeremias 31,15: "Uma voz se faz ouvir em Ramá, lamentos e gemidos: Raquel chora seus filhos, não quer ser consolada porque não mais existem". Não fiquemos com essa visão atroz. A Igreja tem outro pensamento ao instituir, três dias depois do Natal, a festa dos santos Inocentes; essas crianças assassinadas não são as vítimas da Redenção, são os primeiros salvos por ela. Jesus lhes concede a glória dos primeiros santos, dos primeiros mártires do mundo novo.

Maria e José não saberão senão mais tarde, pelo rumor público, sobre os dias sangrentos de Belém. No momento, eles caminham, caminham e, ao cruzarem a fronteira, o menino está salvo! Até onde irão? Talvez bem longe, para o interior do país. Detêm-se em uma daquelas colônias judias, prósperas e acolhedoras, como todas as que se formaram nos países estrangeiros ao redor de todo o Mediterrâneo. Ali se recebem os fugitivos, que são ajudados a se instalar. Determina-se para eles certamente uma cabana de caniço nas baixadas do Nilo, como as que se veem hoje ainda nos vilarejos egípcios; procura-se trabalho para eles, pois a profissão de José encontra emprego em toda parte. E isto é suficiente; para o resto, para a criação de um novo lar, para a intimidade a três, nada mais é necessário que seu amor. Amor que só cresceu pela angústia partilhada, por se concentrarem em torno do menino que eles são os únicos a defender. Tudo mudou ao redor deles, mas neles e dentro deles tudo somente se aprofundou e se fortificou, através da provação e da dor que os aproximam um do outro, ao mesmo tempo em que os aproximam daquele que os guarda, invisível, mas presente.

A vida em Nazaré

Tendo morrido Herodes, um anjo advertiu José para "voltar para a terra de Israel" (Mt 2,19-20). Imagine sua alegria e a alegria de Maria: terminou o exílio! É preciso então escolher entre Belém, cidade de Davi, lugar do nascimento de Jesus, e Nazaré, abandonada durante meses. A situação política decide: os dois filhos de Herodes dividiram entre si o país, ficando Belém no território do mais cruel, digno filho daquele que massacrou os Inocentes. Em definitivo, por razões de segurança, voltaram para Nazaré (Mt 2,22-23).

Eles re-encontram então sua aldeia de infância, o lugar das anunciações, a casa que os espera. Afluem as lembranças, eleva-se o reconhecimento ao Senhor, o futuro parece tranquilo e sem nuvens. E, de fato, durante trinta anos, afora algumas rápidas peregrinações a Jerusalém, eles não sairão de Nazaré. Durante esses trinta anos, Jesus se consagrou exclusivamente a Maria e a José. Existe aí um segredo, uma lição que devemos decifrar através do silêncio dos evangelhos.

Cada um se aplica em suas ocupações cotidianas. Maria se desvela nas lidas da casa, e é sobretudo junto dela que Jesus passa sua primeira infância. Ela tem bastante trabalho, porque tudo deve ser feito por ela mesma, e ela deve comprar o mínimo possível fora, para fazer economia: uma dracma é uma dracma, e, se se perde uma, gastam-se horas para encontrá-la. Maria fia e tece os panos com que fará mantos e túnicas; a cada dois ou três dias, ela faz pão, começando por esmagar o grão no moinho familiar de pedras lisas, amassando a massa, ajuntando-lhe a devida medida de fermento e colocando-a enfim para assar no pequeno forno doméstico ou sobre pedras cobertas com uma cúpola de argila. Ela vai tirar água na única fonte (a que se chama hoje a fonte da Virgem). Deviam olhar para essa bela moça, altiva e modesta, a ânfora inclinada sobre a cabeça ereta, seu pequeno menino andando a passos curtos a seu lado. Ela prepara as refeições, que são simples mas substanciosas, pois o ofício de José exige muito esforço, e Jesus tem necessidade de crescer: por isso há habitualmente sobre a mesa pão de cevada, azeitonas, frutas, legumes (sobretudo cebolas), gafanhotos crus, crocantes, temperados com sal, peixe – com frequência – e muito raramente carne, tudo regado com um vinho do lugar, um pouco espesso, no qual se pode misturar água. Jesus tem bom apetite; as refeições figurarão em suas parábolas, e as más línguas o tratarão acremente de "glutão e beberrão", como o revelará ele mesmo (Mt 11,19; Lc 7,34).

Além dessas tarefas da casa, Maria se ocupa do menino e, sobretudo enquanto ele é pequenino, tem a missão toda maternal de cuidar de seu corpo. É com emoção que se imagina entre as mãos de Maria o corpo do "mais belo dos filhos dos homens": suas mãos delicadas que um dia serão traspassadas, seus pés que Maria Madalena cobrirá de perfumes e de lágrimas, esta carne jovem que é o sacramento vivo do Verbo. Mais literalmente ainda que São João, ela poderia dizer: "O que era desde o começo, o que nós ouvimos, o que vimos com nossos olhos, o que contemplamos e o que nossas mãos tocaram do Verbo da vida..." (1Jo 1,1).

José trabalha para sustentar a casa. Logo Jesus virá juntar-se a ele no barracão e, antes mesmo de poder ajudá-lo, se interessará pela vida e pelo ofício de artesão. Ele o observa, aprende a manusear os objetos, as ferramentas, as peças de madeira e de ferro que enchem a oficina; ele vê de perto, todos os dias, a viga, a canga, a balança que reaparecerão nas parábolas, o martelo, a plaina, o esquadro, o serrote e a enxó, a *ascia* dos romanos, da qual os cristãos, bem mais tarde, farão um de seus símbolos secretos, porque ela tem forma de cruz. Jesus escuta também, pois as conversas chegam depressa até ele; José fala pouco, mas os outros fazem suas confidências, e são tão diferentes uns dos outros! Pedreiros, comerciantes, camponeses, mulheres, todo mundo precisa do especialista local para sua casa, para os móveis, para a carroça, para o leme dos barcos, para os utensílios, para os instrumentos. Jesus aprende a conhecer o trabalho e os trabalhadores, e essa simples presença sua é o início de sua redenção. E para José mesmo, como seu trabalho muda de sentido e de valor! "Será que o pai teria ânimo para trabalhar se não tivesse seus filhos?" (Péguy).

Quando José e Maria terminam seu dia, eles se encontram e, juntos, se ocupam de Jesus. Porque o Filho de

Deus precisa que sua humanidade se forme como a de outras crianças. Um e outro contribuem para isso, mas sem dúvida sob a direção de José, segundo a tradição judaica. Trata-se sobretudo de lhe explicar a Bíblia, que contém tudo, e particularmente os mandamentos: "Tu ensinarás meus mandamentos a teus filhos", havia dito Javé por Moisés a todos os homens de Israel (Dt 6,7). A isso José juntava as narrações de tudo o que Deus tinha feito por seu povo, explicava as grandes festas, mostrava que cada gesto, cada uso tinha um sentido sagrado: "Explicarás a teu filho, dizendo: 'Isto é pelo que Javé fez por mim quando saí do Egito'. E isto será como um sinal em tua mão e como uma lembrança entre teus olhos" (Êx 13,8-9). Toda a Lei tomava como base o pai para a educação moral e religiosa de seus filhos; José não teria faltado a essa alta missão, na qual sua paternidade encontrava seu cumprimento. Maria, ao lado dele, escutava, completava, comentava. E que fervor devia uni-los enquanto trabalham juntos na formação da alma humana de seu filho, fazendo-o compreender as grandes lições de seu Pai dos Céus.

Como se vê, a vida cotidiana em Nazaré era envolta em Deus. Todo gesto ali era sagrado, toda hora era litúrgica. O momento familiar por excelência era o momento mais religioso: o da oração. Cada dia, e várias vezes no dia, o judeu fiel deve colocar-se em oração: de manhã, de tarde e também "em pleno meio dia", como dizia o salmo 55. José envolvia-se então com o "xale de oração" em seda branca, bordada com franjas e borlas rituais, e fixava na fronte e no vão das mãos os *tephillim*, pequenas caixinhas pretas contendo, sobre pergaminho, passagens do Êxodo e do Deuteronômio. Os três se voltavam para Jerusalém e se prostravam ou estendiam as mãos para o céu, no gesto de nossos orantes das catacumbas. "Que minhas mãos elevadas sejam como a oferenda da tarde", cantava o salmista. Depois, os olhos para a terra em sinal de humildade, batendo às vezes no peito, eles recitavam em alta voz ou as "Dezoito bênçãos", ladainhas à glória do Eterno, o Deus de Abraão, de Isaac e de Jacó, que faz tudo viver sobre a terra e de quem procede toda sabedoria e toda santidade, ou uma prece mais curta, tomada do Deuteronômio, que tirava seu nome, *Schema* (escuta), de sua primeira palavra: "Escuta, Israel, Javé, nosso Deus, é o único Javé. Amarás Javé, teu Deus, de todo o teu coração, de toda a tua alma e com todas as tuas forças. Estas palavras, que hoje te ordeno, estejam em teu coração. Tu as ensinarás a teus filhos e delas falarás sentado em casa, andando pelo caminho, ao deitar-te e ao levantar-te; tu as prenderás à tua mão como um sinal, e serão como um frontal entre teus olhos; tu as escreverás nas portas de tua casa e nas entradas de tua cidade" (Dt 6,4-9). José oficiava com seriedade, pronunciava lentamente as palavras santas, para que Maria pudesse fazer com que o menino as repetisse. E o pequeno se aplicava com um fervor que superava o de seus pais.

Esses rituais eram os de todos os dias. Uma vez por semana, a família de Nazaré celebrava, com outras famílias judias, o sábado: dia sagrado entre os demais, em que se parava de trabalhar, como o próprio Deus fez depois da criação, para se reservar inteiramente a Ele (Êx 31,13-17).

O sábado começava na véspera ao crepúsculo (quando três estrelas eram visíveis no céu, precisavam os rabinos). O *hazzan*, espécie de sacristão geral da sinagoga, subia ao telhado da casa mais alta e tocava a "trombeta do sábado", para recolher os trabalhadores do campo, fechar as oficinas e ordenar a todos que acendessem as lâmpadas. Então, no mesmo momento, em todos os lares judeus, uma pequena chama se elevava da lâmpada a óleo cuidadosamente guarnecida. Todas essas lâmpadas, doces e discretas, diziam, segundo uma fórmula poética, que "o sábado começava a brilhar". Podemos imaginar Jesus olhando Maria e José, que acendem a lâmpada sagrada, sonhando que o dia de seu Pai chegava entre os homens e colocando-se, como todos os judeus (mas com muito mais verdade!), em contemplação diante do Criador do céu e da Terra.

Os costumes e rituais que descrevemos até aqui não concernem senão à vida íntima do lar de Nazaré. Mas esse lar estava aberto para o exterior, e o próprio Jesus, à medida que crescia, participava mais da vida social. Quando menino, ela constava de três realidades: a escola, as brincadeiras, a sinagoga.

Todas as crianças, tanto as pobres como as ricas, eram levadas à escola desde a idade de cinco anos. O mestre outro não era senão o *hazzan*, aquele que vimos tocar a trombeta no dia de sábado; ele tinha em alta consideração seu ofício, pois o professor primário era "o mensageiro do Eterno". Sua pedagogia era simples, mas segura: sentadas no chão, ao redor dele, as crianças se contentavam em repetir em coro, e palavra por palavra, as frases que ele pronunciava e que eram pronunciadas para serem repetidas, com os efeitos mnemotécnicos de reconhecimentos, de paralelismos, de aliterações, como em todas as civilizações orais. Sobre o que versava o ensinamento? Sobre uma só matéria, mas que continha todas as outras: a Torá, a Lei santa de Deus. Ela servia para ensinar o alfabeto, a gramática, a língua, a história, a geografia e sobretudo a única ciência que contava: a de viver em paz com Deus. O jovem Jesus encontrou ali, de uma maneira mais formal, o que Maria e José lhe haviam ensinado em casa; sobretudo, ele se encontrava diante da palavra de seu Pai, que pouco a pouco se inscrevia em sua memória e em sua inteligência de homem, tornava-se espírito de seu espírito e vida de sua vida. Ele era o Filho escutando as lições de seu Pai, no meio dos colegas escutando as lições do mestre.

Saindo da escola, ele se mistura com os outros nos jogos. Pois ele nada tem de uma seriedade acima de sua idade; é natural, normal, como quer a lei da Encarnação. Ele brinca, portanto, com os outros meninos. Quando evocar, um dia, a criançada brincando de casamento ou de enterro nas praças da aldeia (Mt 11,16-17), estará evocando suas próprias lembranças de infância. O Filho de Deus é por completo um filho de homem.

Outro lugar onde ele será introduzido, agora num ambiente religioso, é a sinagoga. Ela é aberta três vezes por dia para a oração, no segundo e no quinto dia da semana, por ocasião das feiras e das audiências judiciais – e sobretudo no dia de sábado, para um ofício mais solene.

A sinagoga não é, como o Templo, um lugar de culto: ela não tem altar, ali não se celebra o sacrifício. Guardam-se ali somente, preciosamente fechados em um armário sagrado, que leva o velho nome bíblico de arca, os rolos da Sagrada Escritura. Ali, lâmpadas bruxuleiam permanentemente, porque a sinagoga é o lugar da Palavra, de sua leitura, da prece em resposta à Palavra. Um assistente recita os "*Schema*", o grande ou o pequeno, dos quais já falamos; e a assembleia, voltada para Jerusalém, pontua cada parte com um vigoroso "amém", que suscita a adesão da alma às palavras sagradas. Depois, lê-se uma passagem da Lei, primeiro na língua original, o hebraico, e em seguida na língua popular, o aramaico. Cada leitor tem o direito de comentar o que acabou de ler, como nossos pregadores após o evangelho. Por fim, uma última prece se encerra com uma bênção, que se deve ler num só impulso; é então que se canta às vezes um dos salmos, tendo estes se tornado o livro de cânticos da comunidade judia, como se tornará também para a Igreja. Ao sair, faziam-se doações em moeda ou alimentos para os coletores que cuidavam dos pobres, e então a assembleia se dispersava. José e Maria, assistindo às suas liturgias, comungando do fervor geral, em nada se distinguem dos que estão ali. Apenas sua alma é outra.

Assim se escoa a vida em Nazaré. O trabalho e o repouso, a educação e a oração, a vida a três e a vida social alternam-se em uma espécie de liturgia, da qual o amor jamais está ausente. Os meses, os anos passam sem que nada mude, senão que o bebê se torna menino, e o menino, adolescente. Mas ele é todo submisso, ele é a própria submissão. Submete-se a Maria e a José, como também Maria se submete a José. Este aceita essa autoridade, assume-a em todos os seus detalhes, é responsável pela educação de Jesus, responsável pela oração familiar. Essa espécie de humildade na autoridade é tão admirável quanto a docilidade de Maria e de Jesus.

Na modesta casa verificam-se os três movimentos do amor: o amor do arrebatamento, aquele que doa, é o de Maria e de José; o amor de acolhida, aquele que recebe, e este é o de Jesus; o amor de repouso, que é a troca dos dois precedentes, é a intimidade dos três na casa.

O encontro no Templo

Doze anos se passaram. Jesus chegou à idade em que um jovem israelita se torna legalmente maior. A partir de agora, como todo adulto, terá o dever de recitar três vezes ao dia a prece do *"Schema Israel"*, jejuará nas festas prescritas, participará das peregrinações oficiais, e no Templo terá acesso ao "adro dos homens". Ele é agora, segundo a bela expressão consagrada, um "filho da Lei".

Esta entronização, ao mesmo tempo social e religiosa, à vida de homem, será para Jesus a ocasião de um ato de independência nunca visto, em absoluto contraste com seu comportamento habitual, que surpreende Maria e José e que, ainda hoje, nos desconcerta à leitura da narração evangélica.

Antes de chegar a esta cena, evoquemos o ambiente em que ela se vai desenrolar. Durante os sete dias dos Ázimos e da Páscoa, Jerusalém é superpopulada. Uma multidão inumerável chega não somente da Palestina, mas de todas as comunidades dispersas ao redor do Mediterrâneo; nos portos de Cesarea e de Jope, "agências de viagem" derramam barcos cheios de peregrinos; sobre todas as estradas que se dirigem para a Cidade

Santa, alonga-se uma série ininterrupta de caravanas em que todos se saúdam alegremente, onde se cantam com melodias populares os "cânticos dos peregrinos", que fazem a alegria afugentar o cansaço. A cidade não pode alojar todo mundo; não importa, vai-se dormir sob tendas na "aldeia de pano" do Monte das Oliveiras. Durante uma semana, visita-se o Templo, purifica-se, imola-se e come-se o cordeiro pascal em família ou em grupos, fazem-se procissões agitando palmas e gritando hosanas; o povo diverte-se também, percorrendo as ruas, as lojas, as muralhas, cantando e dançando diante das casas iluminadas, ao som das harpas e dos címbalos... Confusão, tumulto, agitação, em que se acotovelam todas as profissões, todas as classes sociais, todos os graus de fervor, mas em que reina a mesma exaltação religiosa, a mesma fé comunitária.

José, Maria e Jesus participaram como todo mundo – mas bem diferentemente de todo mundo – da que é, unanimemente, a grande festa; para Jesus, em particular, a imolação do cordeiro anunciava outra imolação, ainda longínqua, mas sempre presente em seu espírito, pois que era para ela que ele havia vindo sobre a Terra.

E chegou a hora de voltar; juntam-se de novo as caravanas, com aquela leve lentidão de pessoas espiritualmente satisfeitas, plenas de entusiasmo, fatigadas das cerimônias, das procissões e dos sapateados. José e Maria não veem Jesus junto deles; mas de princípio não se inquietam com isso, o que é já algo a notar: essa tranquilidade denota ao mesmo tempo a confiança que depositavam em Jesus e a liberdade que lhe davam.

E assim partem, pensando que Jesus está em algum lugar na caravana. A primeira etapa é muito breve, e é percorrida normalmente em algumas horas da parte da manhã. No acampamento da tarde, as famílias se agrupam, e é agora que a inquietação se apodera de José e de Maria. Porque Jesus não está por ali. Terá acontecido alguma coisa com ele, a este filho que o próprio Deus lhes havia confiado? José, particularmente, está preocupado, pois ele é o chefe, o responsável pela família: terá ele involuntariamente falhado em sua missão?

É preciso retomar o caminho em sentido inverso, procurar no meio dos grupos à medida que os vão encontrando, perguntar, provocar assombro. A ansiedade cresce. E eles voltaram até Jerusalém. Como encontrar um menino no meio da densa multidão? Eles exploram a cidade durante três dias, sem sucesso. Dias mortais...

Permaneçamos um instante nesta etapa de seu amor. Sim, de seu amor, pois se o desaparecimento de Jesus é uma provação, é também um estreitamento de sua união. Até agora, esse amor os tinha feito sofrer, notadamente quando às pressas tomaram o caminho para o Egito. Mas então eles estavam com o seu filho. Enquanto que ali eles são atingidos no mais íntimo de sua paternidade e de sua maternidade. O menino está ausente, desapareceu. Chegam ao fundo da aflição. Sua única força é precisamente estarem juntos, o pai e a mãe, cada um sabendo o que o outro suporta. Comunhão dolorosa, certamente, ou, antes, comunhão na dor, que lhes torna mais sensível que nunca a união de suas duas almas, o arrebatamento louco que os lança juntos aos pés de Deus, suplicantes, pendurados de sua única esperança: o Pai, o Pai que, Ele sim, sabe onde está o menino.

Durante esse tempo, que faz Jesus? Ele fala calmamente das Escrituras, numa sala do Templo, discutindo com os rabinos. Mas que sua calma não nos engane. Ele vê, ele não pode não ver, lá embaixo sobre a estrada, este homem e esta mulher que cambaleiam de sofrimento. Seria suficiente uma hora, meia hora correndo, para encontrá-los e confortá-los. Mas não: a vontade do Pai é que ele esteja ali, e ele fica ali. Continua a questionar, a falar, a ensinar; os velhos rabinos não suspeitam de nada, nem os espectadores atentos.

José e Maria entram no Templo, vagam de sala em sala; por fim se detêm perplexos de estupor: "Depois de três dias o encontraram no Templo, sentado no meio dos doutores, ouvindo-os e interrogando-os. Todos os que o ouviam estavam maravilhados com sua sabedoria e suas respostas" (Lc 2,46-47).

Sem dúvida eles estão admirados e livres do peso que os esmagava. Mas seu assombramento muda de objeto: se Jesus estava aqui por própria vontade, por que não lhes disse nada? Maria é a primeira a falar, em seu nome e em nome de José: "Filho, por que fizeste isso conosco? Teu pai e eu te procurávamos, cheios de aflição" (Lc 2,48). Santo Agostinho comentará esta reflexão, notando que Maria fazia José passar na frente dela, em deferência por seu título de chefe de família; retenhamos sobretudo que ela se associa a ele, que ela não se faz senão um com ele, no sofrimento e no amor por Jesus.

A resposta de Jesus, à primeira vista tão pouco humana, surpreende-nos tanto mais porque sua reação, para com eles, foi tão cruelmente dilacerante. "Por que me procuráveis? Não sabíeis que devo estar naquilo que é de meu Pai?" (Lc 2,49). Mas Lucas não registrou essa réplica para nos escandalizar. Ele quis, como o próprio Jesus, fazer-nos penetrar em um mistério. Se Jesus fez calar sua alegria, como havia feito calar sua dor, é porque quer afirmar o "Senhorio" de Deus, sua soberania transcendente, a distância infinita que separa o mundo de Deus do mundo dos homens. O Pai, que tantas vezes mostrou seu amor e cujo próprio nome significa benevolência e misericórdia, este é também o "Senhor Deus", em face de quem nada existe, senão por Ele e para Ele. Deus quer ser tratado como Deus; é preciso que os seus reconheçam sua soberania única, absoluta, e que o honrem por uma submissão sem reservas, quaisquer que sejam as exigências. Jesus, estando "naquilo que é de seu Pai", tratou Deus como Deus, e eis que ele afirma isso a José e a Maria. Pense-se nesta outra palavra da Escritura: "O homem deixará seu pai e sua mãe". A idade adulta é aquela em que o homem se separa dos laços familiares, até dos necessários, não para ir aonde quer, mas para ir aonde Deus envia. É a idade em que só conta a soberania de Deus.

No mesmo lance, Jesus se revela a si mesmo. Sua "submissão" a seus pais da Terra, os longos anos que viveu e que viverá ainda com eles em Nazaré apagam-se-se agora por detrás da missão que veio cumprir, que é a de servir ao Pai. Notemos a força das palavras *"é preciso"*. Nós as encontraremos seguidamente nos Evangelhos, particularmente quando se tratar da Paixão: "É preciso que o Filho do Homem suporte muitos sofrimentos" (Lc 9,22; Mc 8,31; Mt 16,21). Sim, *"é preciso"* que as Escrituras se cumpram; *"é preciso"* que a vontade do Pai seja obedecida; hoje, *"é preciso"* que Jesus esteja no Templo; ontem e amanhã, *"é preciso"* que ele esteja em Nazaré. Tudo o que ele faz, tudo o que pensa, tudo o que diz é em referência ao Pai. Ele é verdadeiramente o "Filho". Quer fique com Maria e com José, quer os deixe, é sempre em nome de uma obediência filial. Uma ponta do véu levantou-se de sobre seu mistério divino.

Tal é a lição do acontecimento. Mas Jesus não a formula explicitamente; deixa para o tempo, para o futuro e inclusive para a meditação de seus pais a tarefa de a esclarecer. No momento, sublinha Lucas, "eles não compreenderam o que lhes dizia" (2,50). Os discípulos também não compreenderão certas profecias e alusões de Jesus (Lc 9,45; 18,34).

Para nós que lemos esse relato, há qualquer coisa de modesta e de comovente nesta declaração de incompreensão. Assim José e Maria, de tal forma acima de nós por sua santidade, estão bem próximos por sua dificuldade em penetrar no desígnio de Deus. Se eles estão além de considerações totalmente humanas, não estão, entretanto, estabelecidos em uma visão clara e total do mistério: seu conhecimento, dirão os teólogos, não é da ordem da "visão", mas da "fé". Ora, a fé é mistura de sombra e luz; é uma certeza, não uma evidência; é sujeita a tateamentos, a progresso e mesmo, às vezes, a "noites" vertiginosas, a verdadeiras agonias da alma, como o conheceram os grandes místicos, à medida que se aproximavam do mistério de

Deus. Maria e José estão, como nós, submissos à pedagogia divina, que coloca diante de nós os acontecimentos, as palavras, como "sinais" a decifrar, a um tempo reveladores e secretos. É preciso muita paciência, reflexão, abandono, para deles extrair pouco a pouco a substância e deles fazer um alimento de vida.

Não é este, aliás, o sentido da observação que Lucas faz duas vezes a propósito de Maria, depois da visita dos pastores e desta cena do encontro: "Ela conservava todas estas recordações, meditando-as em seu coração" (2,19 e 51)? O que ela não compreende no momento, naquilo ela aplica demoradamente sua meditação e de tudo descobre, pouco a pouco, o inteiro significado. Pode-se crer que ela repartia isso com José, que eles entravam assim, os dois juntos, um pouco mais a cada dia, no mistério de seu filho, e que isso era para cada um nova alegria, novo progresso em seu amor mútuo e em seu amor comum por Jesus.

A Sagrada Família

O encontro no Templo inaugura relações novas entre Jesus e seus pais. Ele lhes é "submisso", como antes (Lc 2,51), mas é adulto, mostrou-se o enviado de Deus, e, dos doze aos trinta anos, essa revelação se tornará cada vez mais clara para José e Maria. De pais que eram (e continuam a ser), eles se transformam em seus primeiros discípulos. Esta família, iluminada pela luz de Deus, bem merece o nome de sagrada família.

A partir de então Jesus trabalha. Mesmo antes, certamente, ele tinha ajudado a José, mas, como um menino, pouco fazia. Agora que é adolescente, depois homem, consagra suas forças à oficina, ao mesmo tempo que José. Ele não continuou seus estudos, e mais tarde ficarão maravilhados com a grande sabedoria que ele mostra, mesmo não tendo frequentado escolas (Jo 7,15); nunca abandonou a profissão do pai para exercer uma profissão mais livre ou tida em mais alta conta, funcionário, criador de gado, agricultor ou comerciante. Preferiu seguir a tradição, que queria que o filho fosse o aprendiz, depois o companheiro, e enfim o sucessor de seu pai. Ele faz, portanto, tudo o que José faz; ora é lenhador, ora carpinteiro, ora marceneiro; e também trata com a clientela.

Que Jesus trabalhasse com as próprias mãos, ninguém podia estranhar em Nazaré; mas, para nós, isso é objeto de surpresa e de reflexão. Já se disse, e com justeza, que a vida de Nazaré era "a redenção da família e do trabalho". Mas para o trabalho, antes de toda redenção, tratava-se de uma verdadeira reabilitação. Que se leiam estas linhas do Eclesiástico, por onde perpassa um não disfarçado desprezo: "Como poderá tornar-se sábio quem maneja o arado e se orgulha de brandir um aguilhão, conduz os bois e se ocupa do trabalho deles e fala só sobre bezerros?... Assim acontece com todo artesão e todo construtor... Eles não são procurados para o conselho do povo nem terão lugar nas assembleias..." (Eclo 38,25-39; deve ser lida toda a passagem). Face ao desdém dos doutores, Jesus, Filho de Deus e filho do carpinteiro José, põe e impõe a dignidade do trabalho. Ele não o desprezou, consagrou seu valor, substituindo a ideia de castigo e de desgraça, que o marcava desde o pecado original, pela ideia de uma participação na obra da Criação e da Redenção.

Pois aquele que ali trabalha, obscuramente, no barracão de Nazaré, é ele o "Verbo que no princípio estava junto de Deus. Tudo foi feito por meio dele, e sem ele nada do que existe foi feito" (Jo 1,2-3); é ele o "Filho que sustenta todas as coisas com o poder de sua Palavra" (Hb 1,3). Pode-se criar pela palavra, pode-se criar pelas mãos. Este mesmo Filho, este mesmo Verbo, que no princípio dos tempos criou o universo pela palavra e continua a sustentar sua existência, cala-se em Nazaré, mas confia a suas mãos a tarefa de continuar a obra divina para a elevação da humanidade. O salto entre as duas perspectivas é prodigioso, mas sem um Deus trabalhador, sem o filho do carpinteiro, teríamos nós compreendido o valor divino do trabalho?

Era esse o mistério que se oferecia à meditação de José e de Maria, com relação a Jesus trabalhador. E logo em seguida eles olhavam suas próprias mãos, as de José, calosas por ter manejado a madeira e o ferro, e as de Maria, empregadas nas tarefas do lar, e nelas encontravam uma nobreza que não era da Terra.

Se no tocante às coisas materiais Jesus assim retomava a obra da Criação, com que profundeza trabalharia ele esses seres de eleição, seu pai e sua mãe, que eram pura docilidade, puro amor por ele, e que ele próprio amava ternamente mais que tudo depois de seu Pai!

Ao mesmo tempo em que lhes revela o Pai, Jesus lhes revela seu coração de Filho e dá, a eles também, um coração filial. E, a partir dessa revelação, dessa transfiguração, seu amor mútuo toma novo impulso. Nós o compreendemos ao ler em São João a prece dita "sacerdotal", na qual se vê a caridade fraterna provir diretamente do amor do Filho e do Pai. Que se traduza apenas "aqueles que tu me deste" por "o pai e a mãe que tu me deste", e se adivinhará o que se passava em José e Maria: "Pai santo, guarda em teu nome aqueles que me deste, para que sejam um como nós... Eu lhes dei a glória que me deste para que eles sejam um como nós somos um: eu neles e tu em mim, para que sejam perfeitamente um, e que o mundo saiba que tu me enviaste, e que eu os amei como tu me amaste. Pai, aqueles que tu me deste, eu quero que lá onde eu esteja, eles estejam também comigo..." (Jo 17).

José e Maria sabiam já que seu casamento os havia feito "um", como todo casamento. Mas essa união toma um sentido novo pela revelação do amor do Pai e do Filho. Eles descobrem que são "um" como o Pai e o Filho, que seu próprio amor não é senão um reflexo, uma participação, um prolongamento desse amor infinito.

Estas "três pobres pessoas e que se amam" (Claudel) já são a Igreja nascente, que os Atos dos Apóstolos nos mostram tão frequentemente conduzida pelo Espírito Santo e cujos membros não formam senão "um só corpo e uma só alma" (At 2,42-46; 4,32-34).

Provocavam os três de Nazaré em sua aldeia o movimento de admiração e de maravilhamento que ao redor dela suscitará a primeira comunidade cristã? Não, porque tudo é ainda interior, secreto, invisível. Jesus faz junto de seu pai e de sua mãe tudo o que fará em seguida junto de seus discípulos e, hoje, em sua Igreja; mas nenhuma proclamação, nenhuma pregação sai da casa silenciosa e trabalhadora de Nazaré. Talvez até a grandeza de seu segredo os isole do meio em que vivem, e esse voltar-se sobre si mesmos acabe dando mais plenitude à sua intimidade, mais absoluta perfeição a esta pequena igreja de Nazaré, fonte e modelo da futura Igreja de Cristo.

Temos visto que José e Maria se beneficiam da presença viva e ativa de Jesus. Mas, porque ela é a mãe, porque Jesus é realmente o fruto de seu seio, porque ela é dotada de dons excepcionais, porque é toda docilidade ao Espírito

Santo, Maria é penetrada pela graça divina com uma plenitude toda particular. A intimidade, a compreensão que se estabelecem entre ela e seu filho ultrapassam tudo o que podemos adivinhar...

Estaria José forçado a contemplá-los de longe e, por assim dizer, a se deixar distanciar? Certamente não, pois a mãe de Jesus continuava "Maria, sua esposa" como no primeiro dia. Tudo o que ela descobria de admirável, de adorável, de divino em seu filho, era comunicado a José. É para Maria uma doce felicidade fazê-lo participar disso; e ele sente que isso, com uma felicidade indizível, só faz crescer seu amor por ela. Mas ao mesmo tempo ele pressente que um dia virá em que sua união com Maria se deverá eclipsar diante da união inefável da mãe e do filho. Jesus é o Esposo divino, que deve tudo atrair para ele, e muito especialmente a alma daquela que o deu à luz sobre a Terra.

O dia é chegado. E José aceita morrer. Seus derradeiros instantes são calmos, como convém a um justo, a um homem que amou e que foi amado, cuja vida inteira nada foi senão amor. Maria e Jesus estão ao lado dele. Os dois esposos se olham, e em seu olhar passa a lembrança dos longos anos vividos juntos, daquelas etapas através das quais eles compreenderam pouco a pouco o sentido de sua vocação no casamento: os primeiros encontros, os anúncios do Anjo, as provações, a doce e profunda intimidade de Nazaré. Em seu olhar passa também a intensidade de uma ternura que jamais foi tão jovem e tão viva. José pousa os olhos sobre Jesus, a quem não tem necessidade de confiar Maria. Fecha as pálpebras, guardando a imagem desses dois seres dos quais se afasta e que caminharão juntos para os momentos de paixão e de glória... Esses dois seres que foram seu único, seu total amor.

ESTUDO SOBRE O CASAMENTO DE JOSÉ E MARIA

O casamento de José e de Maria não é um simulacro piedoso, mas um verdadeiro casamento – o Evangelho e o ensinamento da Igreja são formais –, o casamento, entre todos importante, de dois seres que se amaram como jamais dois esposos se amarão. Todavia, é preciso convir, um casamento misterioso, não no sentido de estranho e embaraçador, mas no grande sentido, no sentido religioso da palavra: misterioso, porque Deus ali está presente, porque Deus ali está em operação.

Antes de estudar esse casamento em sua realidade concreta, é conveniente bem situá-lo no pensamento e na obra de Deus. Somente depois podemos estudá-lo em si mesmo, considerar sua perfeição e sua santidade.[1]

O eterno desígnio de Deus

O arquiteto não desenha os portais, não faz esculpir os capitéis nem começa as fundações sem ter primeiro "pensado" a catedral. Assim Deus, desde toda a eternidade,

---

[1] Para tornar leve este estudo, não apresentamos os sólidos apoios encontrados na Bíblia e na Tradição. Quanto à Bíblia, já lemos nas páginas que precedem o comentário das principais passagens evangélicas. E com relação à Tradição, basta reportar-se às citações reunidas no fim do livro (p. 191).

formula um "benevolente desígnio" (cf. Ef 1,9-10) que, chegada a hora, manifestará seu insondável amor e suas perfeições. Seu Filho então revestirá, esposará uma natureza humana, depois se apossará de todos os homens que aderirem a sua Palavra, sua Vida lhes comunicará e, nele, os reconduzirá à unidade, para enfim introduzi-los com Ele na grande vida trinitária, em que o amor do Pai será sua beatitude inextinguível.

Depois de a catedral ter sido concebida em seu conjunto é que portais, arcos, colunas, rosáceas podem ser planejados. Certos elementos serão mais exteriores, visíveis; outros, ao contrário, ficarão enfiados nas profundezas, escondidos de todos, mas não menos necessários. Cada elemento é concebido, querido pelo arquiteto em função do todo. Assim, no seio do vasto desígnio de Deus, cada ser humano tem um lugar, segundo sua própria vocação, prevista por Deus desde toda a eternidade.

Maria e José no pensamento eterno de Deus

No coração mesmo do pensamento eterno de Deus: Jesus. E, inseparavelmente, o lar de Nazaré, pois o desígnio de Deus requer um casal. Deus, com efeito, quis que seu Filho, eternamente nascido dele, realmente se encarnasse. E essa vontade comanda todo o desenrolar de seu plano.

É necessário o concurso de uma mulher, pois é pela mulher que todo homem vem ao mundo. Assim Maria é inseparável de Jesus no pensamento e no amor eternos do Senhor; ela será, entre todas as mulheres, cumulada de graça, porque Deus proporciona sempre seus favores de acordo com a missão que Ele confia. Ele a quer, a um tempo, virgem, mãe e esposa.

Por que virgem? Para que fiquem manifestos o todo-poderoso amor de Deus e a impotência do homem para se salvar. Encontra-se aqui uma constante da história bíblica. Primeiro é preciso que o homem seja encurralado pelo impossível, colocado contra o muro, que sua impotência seja evidente, para que Deus intervenha. Abraão terá uma descendência mais numerosa que as areias da praia e que as estrelas do céu (Gn 15), mas Deus deixa passar os anos; deixa que o patriarca e Sara, sua esposa, tenham cem anos, para lhes dar um filho. Mesma pedagogia divina com Gedeão: Deus não lhe concede a vitória senão quando seu exército de trinta mil homens é reduzido a trezentos, e ninguém possa enganar-se quanto ao artífice dessa vitória. Senão "Israel poderia gloriar-se a minhas custas, dizendo: Foi minha mão que me salvou!" (Jz 7,2). Na aurora dos tempos messiânicos, João Batista foi concedido a pais de cuja esterilidade ninguém duvidava.

O impossível é a especialidade de Deus: "Eu sou Javé, Deus de todo ser vivo; porventura alguma coisa é impossível para mim?" (Jr 32,27); "Existe alguma coisa impossível para Javé?" (Gn 18,14).

Assim, a virgindade de Maria, enquanto sinal de pertença total a Deus, é requisito para que apareça, com evidência, que a salvação do mundo é devida à iniciativa de Deus, e de Deus somente. O anjo Gabriel lembrará a Maria a fórmula bíblica: *"Para Deus, nada é impossível"* (Lc 1,37).

Por que mãe? Importa que o Filho de Deus receba sua natureza humana de uma mulher, que nasça de uma linhagem humana, fruto da grande árvore, que seu corpo seja não só semelhante ao de um homem, ainda que vindo do além, mas autenticamente humano, saído do corpo de uma mulher, ela mesma descendente de outra mulher que, por numerosas linhas intermediárias, se liga à mãe do gênero humano: Eva. Esse é o ensinamento indiscutível da Escritura: Jesus "nascerá de uma mulher" (Gl 4,4), com uma carne "semelhante à do pecado" (Rm 8,3), pura, com certeza, mas sujeita à fadiga, à fome e à sede, ao sofrimento e à morte. Uma carne, mas também uma inteligência, um coração, ou seja: uma humanidade idêntica à de todo homem, submissa às leis do crescimento, votada a percorrer, uma depois da outra, as etapas do destino humano: a infância, a adolescência, a maturidade. Da mesma forma, porque o Filho de Deus será verdadeiramente homem, o gênero humano não será salvo como que de fora: *em* Jesus, seu filho, a humanidade morrerá sobre a Cruz e ressuscitará na manhã de Páscoa.

Por que esposa? Nesta lógica da encarnação, segundo a qual o Filho de Deus deverá assumir plenamente uma natureza humana e, portanto, a condição humana, impõe-se que Maria seja casada. Uma mãe é uma esposa completa;

seu amor materno é o transbordamento, sobre o filho, do amor que ela dá e recebe no casamento. Como também o amor paternal é a frutificação, em um coração de homem, de seu amor conjugal. O filho é o fruto, a testemunha, o convidado do amor conjugal.

Jesus privado de um pai não teria sido plenamente homem. A personalidade do filho e do adolescente requer, para desabrochar normalmente, os amores conjugados de um pai e de uma mãe. Mais, e isto é uma verdade hoje bem resgatada pelos psicólogos: o filho tem necessidade não somente da ativa afeição de seu pai e de sua mãe, mas também, e talvez mais ainda, do amor de seu pai e de sua mãe um pelo outro.

Eis por que, desde toda a eternidade, Deus concebeu em seu pensamento e em seu coração um homem, José, que Ele cobrirá de graças muito raras em vista de sua missão sobre-eminente junto de Maria e de Jesus.

Maria e José estão, assim, eternamente presentes no pensamento divino, no centro desse pensamento. A brava gente de outrora dizia que os casamentos estão escritos no céu: este, em verdade, entre todos. José é "predestinado" com Maria e para Maria, Maria o é com e para José; e juntos, unidos pelo casamento, eles o são para Jesus, para sua encarnação que se completará em sua união com a Igreja.

A realização do desígnio de Deus

Vem a hora em que o Desígnio de Deus entra na fase de realização. Que se sabe das últimas disposições divinas?

Pouca coisa. Os Evangelhos, tão precisos para afirmar o essencial, são avaros de todos esses detalhes que, entretanto, satisfariam a tão legítima curiosidade de nosso coração.

Maria consagra sua virgindade a Deus

Da família, do nascimento, da educação, dos pais e da adolescência de Maria nós ignoramos tudo, como se o Senhor quisesse que considerássemos nela, mais que a filha da Terra, a filha de Deus.

Uma coisa é segura, entretanto, certificada pelas Escrituras, solenemente confirmada pela Igreja: Maria entregou a Deus sua virgindade. Mas até aí chegam as certezas. Os Apócrifos tentaram cobrir a lacuna: eles não merecem crédito. Os pintores experimentaram, mas sua imaginação não teve cuidado com a exatidão. Perdoa-se-lhes, todavia, quando a obra traduz uma verdade interior. Eu penso, entre outros, neste quadro de um mestre italiano, que nos mostra Maria, criança, subindo sozinha a imponente escadaria do Templo, ao pé da qual seus pais a acompanham com um olhar atento, enquanto que no alto o Sumo Sacerdote em nome de Deus a espera. Verdade seja dita: nada permite dizer que Maria consagrou sua virgindade a Deus desde sua infância. De qualquer forma, isso não aconteceu certamente sob o cenário suntuoso de um templo imaginado pelos Italianos da Renascença, e sim no silêncio de sua alma de menina pobre, vivendo numa casa pobre de uma aldeia ignorada.

Pretender traçar seu itinerário espiritual seria temerário. Tentemos somente destacar certos sinais.

Desde sua primeira infância, e esta nós sabemos que foi imaculada, sem qualquer conivência com o pecado, amava seu Deus com um amor totalmente puro, que não encontrava nela nem hesitação nem lentidão.

À medida que se desenvolvia sua personalidade humana, ela tomava uma consciência mais clara desse amor em sua alma. Sem a menor dúvida, Deus foi sempre para ela mais "amável" que tudo, único amável em certo sentido. Mas a consciência que ela tem disso evoluiu, e sua resposta se transforma ao correr dos anos. Para a menininha que vivia a experiência do amor de seus pais para com ela e do dela para com eles, seu amor por Deus tomava a feição da ternura filial. Ao crescer, descobre outras formas de amor. Um dia, certamente, apareceu em seu coração de adolescente um sentimento novo: a amizade, esse amor recíproco entre dois seres que encontram sua alegria um no outro e colocam em comum suas riquezas interiores. Esta nova possibilidade do coração a fez conseguir um novo progresso no amor por seu Deus. Entre uma filha e seu pai da Terra, vê-se perfeitamente às vezes eclodir uma amizade; por que não seria isso possível nas relações com Deus? Não ensina a Escritura que "Javé falava com Moisés face a face, como um homem conversa com seu amigo" (Êx 33,11)?

Em seguida, logo que Maria descobre em seu corpo e em seu coração que poderia se tornar esposa e mãe, vem-lhe um audacioso pensamento. Por que não renunciaria ela a isso por amor de seu Deus? Meditando as Escrituras, com efeito, ela havia aprendido que, para honrar a soberana Majestade, os homens têm sempre oferecido em sacrifício ou frutos da terra ou outros bens preciosos. Sua alma de jovem recordava com entusiasmo todos os sacrifícios relatados na Bíblia, desde a longínqua oferenda de Abel, o justo, até este holocausto de um cordeiro sem mancha, imolado no Templo de Jerusalém, a cada manhã e a cada tarde. Ao mesmo tempo, ela se recorda dos veementes apóstrofos lançados pelos profetas contra os sacrifícios mentirosos: "De que me servem vossos muitos sacrifícios? – diz Javé. Estou farto dos holocaustos de carneiros!..." (Is 1,11). Ela compreendia, pois, que Deus prefere, à imolação dos animais, o sacrifício todo interior de um coração amante. Assim, à luz do Espírito Santo, compreende que não há para um ser humano uso mais nobre de sua liberdade que o de se doar a si mesmo, e totalmente, a Deus, de abandonar todos os direitos sobre sua vida e, em sinal desse dom, de lhe consagrar sua virgindade. Ela o cumpre. Ela o realiza.

Isso foi de uma audácia extraordinária, uma vez que até então toda mulher israelita sabia que, para honrar a Deus, era preciso que ela aspirasse à maternidade, aquela maternidade que assegurava o desenvolvimento do povo eleito e que, um dia, deveria dar nascimento ao Messias tão desejado. Que uma jovem, a mais fervorosa de todas, rompa com a tradição imemorial e se lance por um novo caminho, isso tem algo de surpreendente. Sim, mas um coração amante tem razões que a própria razão desconhece.

Essa audácia era ao mesmo tempo um abandono singularmente confiante a Deus, dado que a sociedade judia não via sentido na virgindade. Mas Maria não duvida que Deus lhe tornasse possível a fidelidade a seu compromisso.

Maria se casa com José

Como aquela que havia descoberto a eminente grandeza da virgindade, como podia ela aceder ao pedido de José que lhe propõe casamento? Será só porque os costumes do tempo o impunham? Essa hipótese é falaz. Não se imagina Maria entrando para o casamento a contragosto. Essa seria a pior das hipóteses. Ela certamente deve ter visto no pedido de José uma vontade de Deus. A única questão que ela se pôs, e pôs para ele, foi esta: Poderá ela permanecer virgem no casamento? Dito de outra forma: aceita José comprometer-se, ele também, nesta vida de virgindade? Se até aquele momento ele não havia considerado isso, seu sim à proposta de Maria é a mais alta prova de amor por ela, ao mesmo tempo que por Deus, que ele lhe pudesse dar.

Assim, Maria não vê contradição entre seu compromisso de virgindade e esse casamento. Virgem, ela já não se pertence, ela é de Deus, e Deus, que dispõe dela, a engaja em um casamento, do qual, é verdade, ela não pode ainda alcançar o admirável destino. Que seja feita a sua vontade! Cada um dos esposos não terá desejo mais vivo, ambição mais ardente que ajudar o outro a progredir na pertença sem reserva a Deus.

Eles se casam. Estima-se geralmente que José devia ter por volta de dezoito anos, e Maria, quatorze. Que extraordinário jovem casal! Extraordinário não só por suas qualidades humanas e sobrenaturais, mas por seu mistério. Eis aí os dois seres mais perfeitamente consagrados a Deus, como jamais se viu na Terra, e ao mesmo tempo os mais perfeitamente casados, unidos pelo mais perfeito amor. A serviço da mais admirável fecundidade. Pois esse amor não será um mundo fechado; será todo orientado para a salvação dos homens, mesmo que eles ainda não saibam como.

Qualquer que seja o rito pelo qual os judeus, no tempo de Jesus, contraiam casamento, José e Maria, cada um plenamente livre e consentindo, doaram-se um ao outro e para sempre, firmemente decididos a permanecer virgens em seu casamento. É o consentimento, com efeito, que fundamenta o casamento no dizer de Santo Tomás e de toda a teologia posterior. Desde que se veja nesse consentimento "a união indivisível dos espíritos" ou, segundo uma expressão preferida hoje em dia, o dom das pessoas, total, exclusivo, definitivo.

Esta última maneira de falar tem o mérito de destacar bem que, no casamento, o homem e a mulher comprometem a totalidade de seu ser, de sua alma e de seu corpo, do que se segue uma total pertença mútua.

Foi assim com José e com Maria? Sem a menor dúvida. A decisão que eles haviam tomado de permanecerem virgens não podia implicar uma reserva no dom – ou o casamento não teria sido verdadeiro. Cada um, pois, doou-se ao outro totalmente e cada um recebeu o outro, corpo e alma. Encontra-se assim realizado tudo o que é verdadeiro de uma união humana, mas de uma maneira sobre-eminente.

Maria é o bem de Deus: é das mãos de Deus que José a recebe – com que ternura, com que veneração! –, numa alegria mais viva que a de Davi, seu grande ancestral, quando introduz a Arca da Aliança em Jerusalém (2Sm 6). E Maria, por seu lado, acolhe com sentimentos idênticos o dom de José.

O que mais tarde São Paulo dirá aos que se casam é verdadeiro de José e de Maria: "A mulher não dispõe de seu corpo, mas sim o marido. Igualmente, o marido não dispõe de seu corpo, mas sim a mulher" (1Co 7,4). Mas que será que isso pode significar entre esses dois que estão decididos a permanecer virgens no casamento? Peçamos a resposta a Bossuet. Ele soube exprimir-se em termos delicados e fortes: "Maria pertence a José, e José à divina Maria; assim que seu casamento é inteiramente verdadeiro, porque eles se entregaram um ao outro. Mas de que forma eles se entregaram?... Eles se doam reciprocamente sua virgindade, e sobre essa virgindade eles se concedem um direito mútuo. Que direito? O de guardá-la mutuamente. Sim, Maria tem o direito de guardar a virgindade de José, e José tem o direito de guardar a virgindade de Maria". Quanto mais José amava a pureza de Maria, "mais ele queria conservá-la, primeiramente em sua santa esposa, e, depois, em si mesmo, por uma total unidade de coração: de tal modo que seu amor conjugal, desviando-se do curso normal, doava-se e se dedicava totalmente à guarda da virgindade de Maria".

Certa decepção, entretanto, surge em nós à leitura dessa grande página: por que se ateve Bossuet a esses termos negativos, "guardar", "conservar"? Cada um dos dois esposos faz muito mais que apenas guardar a virgindade do outro; vê nessa virgindade um "talento" a ele confiado por Deus para fazê-lo frutificar.

Esta virgindade, pela qual imolam seu poder de transmitir a vida e de adquirir uma descendência, eles a vivem a dois, felizes por poder apresentar a seu Deus essa oferenda de ambos. Mas, de início, eles estão longe de suspeitar a fecundidade miraculosa que dará a seu casamento virginal sua perfeição única.

Eles se amam

Não é o amor, mas o consentimento, acabamos de ver, que, no dizer dos teólogos, faz o casamento. Sim, mas qual é esse consentimento, senão o dom mútuo, total, exclusivo, que dois seres se fazem de sua pessoa porque se amam e para cumprir uma obra de amor? Se falta o amor, a união do homem e da mulher é como que esvaziada de sua substância e nada mais é que um corpo sem alma.

Que o amor tem o lugar de honra no casamento de José e de Maria, ninguém duvidaria. Mas como a gente se sente desajeitado por ousar falar disso! Não seria melhor apenas afirmar: "eles se amam com o amor mais perfeito que se possa imaginar, como nenhum casal jamais se amará" e depois se calar – sendo o silêncio o melhor meio de celebrar esse amor? Sim, se não soubéssemos nada de seu amor. Mas será que isso é verdade? Sem paradoxo, pode-se dizer que seu amor nos é mais bem conhecido que qualquer outro. Por duas razões. Primeiro porque, não estando neles o impulso do coração travado por qualquer peso, temos certeza que, se prolongarmos nossos impulsos mais puros, acabaremos por nos aproximar um pouco de sua mútua dileção. E também porque ambos estão sob a ação do *agape* (o amor de caridade), esse amor divino que Deus comunica a seus filhos. Ora, o que podemos chamar de psicologia do *agape* nos é bem conhecido graças aos escritos do Novo Testamento, e muito especialmente aos de São Paulo e de São João.

Assim, temos dois caminhos de acesso – o amor humano e o *agape* – a esta realidade misteriosa e maravilhosamente radiante: o amor conjugal de dois seres, os mais perfeitamente consagrados a Deus. Avancemos com humildade, fé, reverência extrema.

Maria ama. – Desde sempre, o amor de Deus havia tomado posse do coração da Imaculada. Mesmo que se pense nos sentimentos mais puros e mais veementes das mais ardentes almas judias e dos maiores místicos cristãos, ainda se estará bem longe da qualidade de adoração, de amor, de desejo de Deus que ardem nesta alma excepcional. Ela é toda para Deus. Deus é tudo para ela. Mas nos enganaríamos muito ao imaginar Maria açambarcada por Deus, cega a toda a criação, indisponível a todos os que a rodeiam. O Senhor não confisca o coração dos que se consagram a ele. Esse Deus, ao qual ela está unida e que nela vive, comunica-lhe seu próprio olhar e seu próprio amor pelos seres. Como a criação lhe parece bela! E como sabe encontrar no fundo de cada ser, por mais escondido que ali esteja, o pensamento eterno de Deus sobre ele! E como ama esse pensamento divino!

Experimentemos imaginar o maravilhamento que irrompeu nela quando seu olhar pousou sobre José, esse jovem que Deus cumulou de sua graça. Mesmo para seres rudes e pecadores o nascimento do amor é como a primavera do coração: as fontes livres para jorrar cantam, todos os brotos explodem! Como deve ter sido vivo e alegre o amor de Maria por José, quando compreendeu que ele lhe era destinado, que era o dom de Deus para ela! Quão fervorosa sua ação de graças ao seu Senhor!

Um perfeitíssimo amor conjugal toma posse dela. Ele é feito, ao mesmo tempo, de dom e de acolhida, desabrocha na alegria sempre nova do diálogo e da troca, aspira à unidade como sua plenitude.

Seu amor por Deus não torna indisponível o coração de Maria, do mesmo modo que seu amor por José não a separa de seu Deus: ela tem consciência que esse impulso, que a transporta para seu esposo, faz com que entre em comunhão com o amor de Deus. São João dirá mais tarde "Todo aquele que ama vem de Deus e conhece a Deus" (1Jo 4,7). E, de fato, ela conhece a Deus, ela faz a experiência de que Deus é amor ao participar do impulso de amor que Deus tem por José e que brota no mais profundo de seu ser. Compreendendo vitalmente com que amor

Deus ama José, ela entrevê, ao mesmo tempo, com que imenso amor Deus ama os homens.

Maria é amada. – Ela ama, mas ao mesmo tempo é amada. Ela se abre, radiosa, ao amor que se revela sobre o rosto, no olhar e nas palavras de José; a esse amor que vem a ela como uma realidade infinitamente discreta e forte, como a oferenda maravilhosamente pura de um ser que nada retém, que se doa sem reserva alguma. Assim ela faz ao mesmo tempo a experiência de Deus que se doa *por ela* a José e a experiência de Deus que se doa *a ela* por José. Abrindo seu coração e seus braços a José, é para Deus que ela os abre. Em um mesmo movimento, ela se entrega a José e a Deus.

Ela se entrega a José: ele será sua força. Ela será sua paz. Ele cuidará de sua virgindade como de um tesouro de preço infinito que ele deve fazer frutificar. Ela cuidará da santidade dele, não menos que de sua felicidade. Ela aspira com todo o seu ser a cooperar com a perfeição daquele a quem ama: é por isso que se doa toda inteira a ele, levando-lhe todas as riquezas da natureza e da graça. Ao mesmo tempo, como jamais esposa o saberá fazer, ela se abandona sem reticência à alegria de ser amada. E sua alegria faz a alegria de José. E a alegria de ambos faz a alegria de Deus.

Eles se amam. – Como todo amor, também o seu aspira ao repouso na comunhão das almas e nisso se realiza. Seu laço, seu lugar de encontro é o próprio Deus. É nele que eles são um, com Ele entram em comunhão ao entrar em comunhão um com o outro. Abrir-se a Ele juntos, juntos doar-se, juntos dele viver, calar-se para juntos adorar: tal é o segredo dessas vigílias que nas noites de suas jornadas laboriosas o carpinteiro de Nazaré passa junto de sua jovem esposa.

E quando se sabe que eles viveram aproximadamente trinta anos na mais estreita intimidade, tenta-se, em vão, aliás, imaginar que cumes vertiginosos de santidade alcançaram ajudando-se, amando-se.

Nesse domínio da santidade, a Imaculada era a primeira. Mas José, longe de ficar acabrunhado por essa superioridade, maravilhava-se das "grandes coisas" que Deus nela operava. Cada dia ela entrava mais profundamente na inteligência do mistério de Jesus. E para ali arrastava com ela o esposo que o Senhor lhe havia confiado. Junto dele ela inaugurava seu papel de mediadora. Era grande a felicidade de José de a cada dia lhe dever mais. Enquanto que no plano da direção do lar José era o chefe e o pai, no plano da graça Maria exercia junto dele uma maternidade espiritual, que o coração obsequioso e humilde de José acolhia plenamente.

Irá alguém pensar que um amor situado em tal altitude não é humano? Como se o *agape* esvaziasse os sentimentos humanos. Não há senão que olhar Jesus Cristo – sua ternura para com as crianças da Palestina, sua dor dilacerante diante do túmulo de seu amigo Lázaro, sua infinita piedade na presença da multidão com fome – para compreender que o *agape, tanto* em seus pais como nele, longe de desumanizar, faz despontar e desabrochar até à perfeição todas as possibilidades do coração.

José e Maria viveram em sua união toda sorte de sentimentos que compõem o amor do homem e da mulher um pelo outro. "Este rosto [de Maria] do qual todos os homens têm necessidade", escreve Claudel, "ele se volta com amor e submissão para José". Teria José sido insensível à beleza desse rosto, à beleza desse sorriso, à luz do olhar de Maria? As atenções, os gestos de ternura, a confiança de um ecoavam profundamente no outro. José conheceu esse equilíbrio e essa paz profunda do homem junto da mulher que lhe oferece a presença de pureza e de doçura das quais seu coração está ávido.

> Maria é sua posse e ele a envolve por todos os lados.
> Não foi num só dia que ele aprendeu a já não estar só.
> Uma mulher conquistou cada parte desse coração agora prudente e paterno.
> De novo, ele está no Paraíso com Eva (Paul Claudel).

Os mil matizes do amor de esposo e esposa encontram-se nesse casamento, mas iluminados, transfigurados, transportados a um grau de perfeição extrema pelo amor do *agape* que unifica a personalidade e anima a vida de cada um dos dois.

Como não nos associar à admiração de Jesus, chegado à adolescência, diante do incomparável amor de seus pais, fruto delicado, o mais delicado, de sua Encarnação redentora. "Vede como eles se amam!" nos diz ele.

Os esposos cristãos que contemplam esse amor com um coração simples e humilde não ficam por muito tempo assustados com sua altitude. Eles não tardam a descobrir que, para aqueles que se penam pelos caminhos do amor, nada ajuda mais que a vista de uma perfeição radiosa.

Seu filho

Desde a época do noivado, o profundo desejo que José e Maria levavam consigo havia tempo se tornava cada dia mais veemente: que se realize enfim o Desígnio de Deus! Eles faziam seus os apelos mais ardentes dos grandes profetas:

> Ah! Se tu rasgasses os céus e descesses,
> para que se conheça teu nome entre teus inimigos...
> Quando realizavas prodígios inesperados
> de que nunca se ouviu falar! (Is 63,19; 64,1-3).

"Ah! Se tu rasgasses os céus e descesses..." E Deus, sim, decidiu que assim seria. Um dia o anjo Gabriel anuncia a Maria, na pequena casa silenciosa: "Alegra-te, Maria, tu conceberás e darás à luz um filho... Ele será grande e será chamado Filho do Altíssimo. O Senhor Deus lhe dará o trono de Davi, seu pai,... e seu reino não terá fim". Pouco depois, é a José que o Anjo do Senhor faz visita para fazê-lo saber que o menino concebido por Maria, bem longe de colocar em questão seu casamento, confirma-o e sela-o definitivamente.

Os que se esquecem de que Maria, desde a Anunciação e a Encarnação, está unida a José por um laço indissolúvel, entendem que Jesus foi dado por Deus apenas à virgindade de Maria. Na verdade, é a seu casamento virginal que ele foi dado.

Até a visita do Anjo, eles se sabiam casados em nome da vontade de Deus, mas seu amor era como que habitado por uma indefinível interrogação. Eis que agora eles têm a resposta. Compreendem ao mesmo tempo a razão de ser de seu casamento e a razão de ser de sua virgindade: o nascimento do Messias tão desejado.

Não é somente seu sangue que Maria dará a seu filho, não são apenas cuidados que os dois lhe vão prodigalizar, mas antes seu próprio ser, seu amor mesclado em seu serviço.

Amar significa dar-se um ao outro para se darem juntos. Eles não se enganavam, portanto, quando criam descobrir no centro de seu amor uma dor surda, uma misteriosa espera, feita a um tempo da imemorial esperança do Messias e do irreprimível apelo do filho que retine no fundo de todo amor conjugal verdadeiro. Agora que um filho lhes foi dado para amar e educar, seu casamento encontrou a plena razão de ser, e ei-lo aqui chegado a seu perfeito cumprimento.

Se o povo cristão nem sempre compreendeu que Jesus é o fruto do casamento virginal de José e de Maria, a teologia, desde Santo Agostinho, nunca pôs isso em dúvida. Escutemos Santo Tomás: "Pode-se conceber de duas maneiras que um filho seja o fruto de um casamento: ele pode, com efeito, ser engendrado desse casamento, ou então, em virtude desse casamento, ser recebido e educado. O menino Deus foi fruto do casamento de José e de Maria, não no primeiro sentido, mas no segundo. O filho proveniente do adultério ou o filho adotado por dois esposos não é o fruto de seu casamento, porque, em cada um desses dois casos, o casamento não foi contraído com a finalidade de criar *este* filho. Mas o casamento de Maria e de José, por disposição especial de Deus, foi contraído com o fim de receber o divino filho e de prover às suas necessidades".

"Três pobres pessoas e que se amam" (Claudel)

Fruto da união de José e de Maria, nascido dentro desse casamento, Jesus irá aí crescer no reinado do mais perfeito amor conjugal. Aí receberá a ternura e os cuidados de um pai e de uma mãe que o harmonioso desenvolvimento de uma pessoa requer.

Inclinando-se juntos sobre seu filho, amando-o com um só coração e uma só alma, José e Maria fazem a descoberta da paternidade de Deus. Essa torrente que os atravessa e que os inclina para esse pequenino, não é neles que se encontra sua fonte, eles o compreendem bem; é no amor mesmo do Pai por seu Filho. Eles fazem a experiência desse amor, nisso estão associados; por meio deles, esse amor extravasa naquele que o Pai ama desde toda a eternidade. Eles são iniciados pelo Pai a amar seu filho com o amor mesmo do Pai: tal é a assombrosa realidade que dilata seus corações.

Essa experiência do amor do Pai por seu Filho é, para José e Maria, a um tempo comum e diferente para cada um deles.

José descobre em seu coração a necessidade imperiosa de proteger seu filho, de prover suas necessidades, de ajudá-lo em seu crescimento. Ele lhe ensina os preceitos da Lei, inicia-o em sua profissão e o introduz na sociedade dos homens. Essa missão paternal o faz entrever alguma coisa do amor paternal de Deus: amor criador, dom que jorra eternamente, proteção ciumenta, providência infalível. Como Javé por seu povo, José se fez, para seu filho, rochedo, pastor. "Eis que eu serei pai junto convosco", murmura ele a Deus em sua prece.

Quanto a Maria, sua tão jovem ternura materna projeta nova luz sobre aqueles textos da Escritura dos quais ela mais gosta, como: "Como a mãe consola o filho, assim vos consolarei... e vosso coração se alegrará" (Is 66,13-14). "Acaso uma mulher esquece seu bebê e deixa de comover-se pelo fruto de seu seio? Mesmo se as mulheres esquecessem, eu, porém, jamais te esquecerei!" (Is 49,15). Ela assim não se engana ao pensar que Deus é também "mãe". Outrora, Maria suspeitava. Agora, sabe por experiência que um amor materno, que não vem dela, mas que penetra e transcende o seu, derrama-se sobre Jesus, seu filho.

Jesus os ama

É uma experiência admirável, para José e Maria, esta descoberta de Deus amando seu filho através deles. Mas, inversamente, não é menos espantoso ver em Jesus o amor infinito de Deus lançar-se sobre eles. Quando o olhar de Jesus se fixa sobre eles, quando um sorriso lhe ilumina o rosto, quando uma palavra de ternura sai pela primeira vez de seus lábios, quando, jovem adolescente, ele lhes revela a imensidade do plano divino, é Javé, o Eterno, o Todo Poderoso, que lhes sorri, lhes faz confidência, revela-lhes segredos, expressa-lhes seu amor.

Depois de descobrirem o amor do Pai dos Céus por seu Filho, penetrando e atravessando sua paternidade humana, eles entreveem, na ternura que Jesus lhes dá, seu amor filial para com seu Pai. Penetram assim pouco a pouco no grande mistério, insuspeitável para os filósofos e para as religiões – e para a própria religião judia –; mistério que Jesus vem revelar aos homens: Deus é a um tempo Pai e Filho. E é o Filho que se encarnou, que se fez seu filho. Ao vê-lo vivo sob seus olhos, José e Maria aprendem com que amor filial os homens, e primeiro eles mesmos, devem amar seu Pai dos Céus. E sem dúvida alguma Jesus lhes ensina que esse amor é infundido pelo Espírito Santo nos corações crentes (cf. Rm 5,5).

A bem da verdade, o amor de Jesus não é o mesmo por sua mãe e por seu pai. E aí, ainda, está para eles uma fonte infinita de meditação: eles compreendem que o amor filial ao olhar de Deus comporta matizes variados.

Para com Maria, Jesus menino é todo abandono, confiança; um instinto infalível o faz buscar junto dela o nutrimento do corpo e o do coração, a doçura e o sorriso. E mais tarde, quando ele crescer, Maria será para ele esse porto de pureza e de ternura do qual o adolescente sente imperiosa necessidade. Ela representa a seus olhos a imagem de outra Presença, a do Pai, sempre acolhedora e atenta.

Para com José, o amor filial de Jesus tem outra feição. É feito de admiração por sua sabedoria silenciosa e pela força consoladora de seu pai da Terra. Com que impulso, pequeno ainda, ele se joga nos braços vigorosos do carpinteiro que volta do trabalho. Mais tarde, ao crescer, irá maravilhar-se, sobretudo, por ver na paternidade de José o mais puro reflexo da autoridade, da imperturbável serenidade, do imenso amor de seu Pai dos Céus, esse Pai a cujos braços, na derradeira hora de sua vida, lançará sua alma, exclamando: "Abba, Pai bem-amado!" (Lc 23,46).

Desde já, a Igreja

Unindo-se em um casamento virginal, José e Maria estavam longe de imaginar a imensa fecundidade que lhes deveria ser concedida. É em sua união que o Cristo nasce e faz sua entrada na história dos homens. É nela também, como em sua fonte, que a Igreja começa. É nela ainda que o Cristo inaugura com essa Igreja uma intimidade que não conhecerá fim. Sim, a união de José e de Maria é desde já a Igreja, porque ela é a primeira comunidade humana salva por Cristo, a primeira entregue à ação de seu amor transformador, desde o primeiro dia e em todo o curso dos longos anos de vida comum.

Contemplemos este homem e esta mulher que, à chegada da noite, acabam de tomar a refeição com seu filho já crescido. Eles o escutam atentamente: "E, começando por Moisés e percorrendo todos os profetas, explicou-lhes em todas as Escrituras o que lhe dizia respeito" (Lc 24,27). Diante dele, eles se calam, adoram o Pai dos Céus... Diante dele, intercedem pelo mundo imenso. É a Igreja na sua mais remota origem. É o mistério da Igreja, da união do Cristo e da Igreja. Mas então está visível aquilo a que, agora, precisamos aderir sem ver: a presença do Cristo no meio dos seus. Mas então essa Igreja nascente é perfeitamente santa, não tendo seus membros qualquer cumplicidade com o mal – mesmo que José não tenha sido, como Maria, preservado do pecado original.

Eles estão totalmente entregues à torrente da graça que, por antecipação, vem dessa cruz em direção da qual, dia a dia, seu filho caminha.

Depois da morte de José

José morreu provavelmente antes de Jesus entrar na vida pública. Podemos imaginá-lo, nos derradeiros dias de sua vida terrestre, num mesmo olhar contemplando com amor Jesus e Maria, os dois seres que foram seu único, seu total amor, e dos quais, ao fechar os olhos para o mundo, leva a imagem consigo. De bom grado podemos atribuir-lhe os sentimentos do Batista alguns anos mais tarde: "Quem tem a esposa é o esposo; mas o amigo do esposo, que está presente e o ouve, muito se alegra com a voz do esposo. Tal é minha alegria e ela é completa" (Jo 3,29).

Sim, José ao morrer está contente por compreender que, se até agora seu lugar havia sido estar ali, agora a vontade de Deus é que se afaste para deixar Maria só com Jesus.

Houve grande dor na casa de Nazaré – pois a santidade jamais tornou insensíveis os corações. Além de uma mudança muito grande: Jesus, a partir de agora, assume a direção da oficina paterna.

Só uma mãe poderia dizer-nos com que olhar Maria contempla Jesus agora adulto e que expressão nova toma seu amor por ele. Pois o amor materno transforma-se ao longo dos anos. Sem que se perceba, passa de um matiz para outro, como o céu a certa hora entre a noite e o dia. Uma fase, entre todas, dessa evolução é preciosa aos olhos das mães: a fase da amizade. Bem poucas, aliás, guardam até esse momento a confiança de seus filhos. Aquelas que vivem essa experiência, que se apressem em aproveitá-la! Pois é uma hora furtiva, um grau supremo de seu amor: seu filho em breve deverá deixá-las para unir-se a sua esposa. Jesus não deixará sua mãe, e a amizade entre eles, que podemos imaginar maravilhados, mas que devemos renunciar a descrever, evoluiu para uma união mais profunda ainda, para uma total comunhão de vida e de destino – na ordem material, sem dúvida, mas antes de tudo na ordem espiritual.

Entre Maria e Jesus, o sonho dos amores humanos realizou-se: eles são um. Não só porque entre eles os sofrimentos e as alegrias são comuns, mas porque são como que interiores um para o outro. Maria está dentro de Jesus. Jesus está dentro de Maria: ele lhe comunica superabundantemente sua vida divina, que arde nele sob o véu da carne.

Para designar a união perfeitíssima à qual chegaram, faltam-nos palavras. Propuseram termos diversos: companheira, associada, esposa... Essas palavras decepcionam. Como seria então? Um termo emprestado às relações comuns poderia convir a esta relação única? O de esposa é, sem dúvida, ao mesmo tempo que o mais inesperado, o menos imperfeito. São Paulo dá à Igreja esse título de esposa de Cristo. Não convém ele, a fortiori, àquela que é a figura da Igreja?

É no Calvário que se consumou a união de Jesus e de Maria. Os Padres da Igreja, para fazer compreender essa misteriosa realidade, comprazem-se em invocar o dia em que Deus toma uma costela de Adão durante o sono e com ela faz a primeira mulher, que ele une ao primeiro homem. Do mesmo modo, no Calvário, do lado aberto do "novo Adão" foi tirada a Igreja, a nova Eva, que será desde então sua esposa. Mas esta nova Eva é, antes, Maria.

Que caminho percorrido desde o dia longínquo em que Maria, jovem ainda, havia consagrado sua virgindade a Javé! Ela não podia então suspeitar todo o alcance de seu gesto. Sem dúvida, ela acreditou ter chegado a um cume intransponível. Que era, entretanto, apenas um ponto de partida. Alguns anos mais tarde, no dia da Anunciação, sua consagração ao Senhor tornou-se consagração ao Filho de Deus, seu filho. E o filho cresceu. E a relação entre a mãe e o filho transformou-se ao correr dos anos, até esse dia dos esponsais do Calvário. É então que Maria descobre o pleno significado de sua virgindade, consagrada a Deus mais de trinta anos antes.

E é ali que ela descobre sua missão em relação à humanidade, quando Cristo lhe entrega São João e a confia, em troca, a seu discípulo bem amado.

Desde esse dia a união de Cristo e de Maria será a fonte de onde jorra o rio de graça que não cessará de se lançar sobre a Terra.

No decorrer dos séculos, inumeráveis jovens renunciarão, elas também, às núpcias humanas para se consagrar a Cristo, de corpo e alma: tal é a virgindade cristã para a qual a "santa" Virgem foi a inovadora e para sempre permanecerá o modelo incomparável.

À imagem do lar de Nazaré

A união de José e de Maria permanece para a cristandade a grande referência: a Igreja entrevê o que deve ser e fazer ao contemplar José e Maria em seu comportamento para com Jesus. Essa união é também o modelo do lar cristão, onde Jesus está presente, segundo sua promessa: "Onde dois ou três estiverem reunidos em meu nome, ali estou eu no meio deles"[2] (Mt 18,20).

Assim Jesus inaugurou, pela salvação de um casal, a salvação da humanidade inteira. Essa salvação que consiste, para os filhos de Deus, em estar unidos a Cristo

---

[2] Veja p. 161, *O casamento cristão à luz do casamento de José e de Maria.*

e estar unidos entre si. A grande Igreja católica de hoje outra não é senão esta família de Nazaré que, pouco a pouco, ao curso das épocas, se espalhou por toda a Terra. Como José e Maria, ela deve toda sua santidade a Jesus Cristo. Poder-se-ia dizer também, mas evidentemente em sentido totalmente outro, que ela a deve ao lar de José e de Maria, onde seu Salvador cresceu. Eles velam sobre ela, que ela não duvide disso, como velaram sobre seu filho. Eles intercedem para que ela se torne esta esposa que Cristo quer "apresentar a si mesmo toda gloriosa, sem mancha nem ruga, nem algo semelhante, mas santa e imaculada" (Ef 5,27).

Epílogo

Ao termo destas páginas, tentemos situar o casamento de José e de Maria em seu justo lugar na imensa empreitada divina da criação e da redenção.

Para julgar da importância de um ser, pode-se considerar ou seu papel na história ou seu valor intrínseco: certos homens modificaram o curso dos acontecimentos, até de uma maneira feliz, sem por isso possuir um valor eminente; outros, cuja influência exterior foi aparentemente nula, merecem todavia, e a justo título, ser considerados entre os maiores, precisamente por causa de seu valor espiritual.

O casamento de José e de Maria é único sob os dois planos, quer sob o plano da história, quer sob o plano da excelência. Ele está no coração da história. Ele é também, no topo da pirâmide dos seres, o cume intransponível em que a criação encontra seu acabamento e sua perfeição. E, aliás, é porque se situa nesse topo luminoso que está no centro da história; pois, em definitivo, o valor espiritual de um ser influencia sempre a evolução do universo.

No coração da história

Situemo-nos antes no plano da história. No relato que o Gênesis nos faz da criação, a criação do homem e da mulher aparece no fim desse relato, como seu coroamento. Depois de ter criado "a terra confusa e vazia" com "as grandes luminárias no firmamento do céu, para separar o dia da noite", depois de tê-la coberto com o mundo vegetal como de um grande manto, o Senhor mandou que o inumerável e variado mundo dos animais tomasse posse dela. Mas faltava um chefe no comando. Então Deus, a partir do barro, formou um ser novo, ereto e livre: o homem, a criatura enfim capaz de admiração e de amor. Não o homem só, pois sendo capaz de dialogar e de amar, teria sido para ele a suprema desgraça dever viver solitário. Deus fez o homem e a mulher, um para o outro. E eles se reconheceram e se jogaram um para o outro, livremente, na alegria do primeiro amor. Adão e Eva, unidos no meio de uma criação respeitosa e dócil, eis a obra-prima do grande gesto criador.

Ricos de seu amor, radiantes de juventude e de graça, orgulhosos de seu domínio imenso do qual são os príncipes, e mais ainda orgulhosos de sua jovem liberdade irrequieta, Adão e Eva já não viam porque permanecer dependentes do Criador... O grande edifício da criação tinha por pedra principal que esse homem e essa mulher fossem unidos. Seu pecado arrasou o fundamento do edifício: não restaram mais que ruínas, confusão de materiais desalinhados, um mundo desfeito. Desde então a humanidade envolveu-se no pecado, humanidade dolorosa, em perpétuo conflito.

Longamente, ao curso de milênios, Deus vai preparar a salvação de sua obra. O que criou admiravelmente, Ele o recriou mais admiravelmente ainda. Esplêndido era o amor de Adão e Eva. Muito mais, o de José e de Maria! Santo Irineu, em uma página célebre, apresenta-nos seu díptico. Eva casada com Adão, mas ainda virgem, deixa-se enredar pelo anjo das Trevas. Maria virgem, unida a José, aquiesce à boa nova que lhe traz o anjo Gabriel. "Mas, enquanto a união de Adão e Eva foi a fonte do mal que se abriu sobre o mundo, a de José e de Maria é a perfeição em que a santidade se reparte sobre toda a terra."[3]

O primeiro casal foi a obra-prima da primeira criação. José e Maria o são desta "nova criação", da qual a precedente, esplêndida como foi, não era senão um pálido esboço.

Seu casamento está no coração da História. Tudo o que o precedeu foi preparação para ele, foi ordenado para a encarnação do Filho de Deus. As sucessivas civilizações,

---

[3] Paulo VI, *Alocução às Equipes de Nossa Senhora, 4 de maio de 1970*, apud *A missão do casal cristão*, edição brasileira coordenada pelas Equipes de Nossa Senhora no Brasil.

seus esplendores e seu declínio, e, no centro dessa história do mundo, a história do povo de Deus, de seus revezes e de sua evolução religiosa, tudo convergiu para este acontecimento maior: Deus entrando no tempo para aí cumprir a obra da salvação. A história humana é, em definitivo, uma história santa e gravita em torno de um centro: o casamento no seio do qual nasce o Filho de Deus.

A partir daí, toda a história dos homens se encontra penetrada, atravessada, santificada pela inesgotável santidade daquele que Maria e José deram ao mundo.

No topo da criação

O casamento de José e de Maria, no coração da história, está também *no topo da criação*. Nada melhor para disso se tomar consciência do que observar a estranha e incoercível busca de unidade no trabalho do universo. Do mundo dos átomos ao mundo dos astros, em toda parte, sob a influência de uma misteriosa força de atração, os seres inanimados buscam-se, juntam-se e organizam-se. No meio dos animais e no meio das plantas, pelo fato de sua natureza bissexual, essa mesma força que os aproxima e os une está em ação: longínqua alusão ao amor. Essa mesma lei de atração se encontra entre o homem e a mulher: é o amor dos sexos um pelo outro. Mas quanto se desconhece de seu verdadeiro significado! Bem mais que um desejo da carne, é o apelo de dois libertos que aspiram a se juntar e se unir para o amor em um novo ser. Como é desajeitado o esforço do homem e da mulher para realizar entre eles a união dos corações e das almas, essa união que, se exprimindo no amplexo dos corpos, ultrapassa-o infinitamente. Para alguns êxitos luminosos, quantos fracassos dolorosos!

Quando José fez confidência de seus sentimentos a Maria e Maria descobriu – com que alegria! – que também ele aspirava a essa forma de união sem precedente que é o casamento virginal, ela aquiesceu a seu pedido. E assim explodiu, no ponto mais alto da criação, um puríssimo e novo canto de amor. Entre dois seres realizou-se enfim a perfeitíssima unidade no amor, da qual as uniões em todos os outros níveis do universo não são mais que esboços, aproximações mais ou menos expressivas.

Mas essa união de amor entre José e Maria – é preciso reafirmar agora ao terminar – é a imagem e, melhor que imagem, é a condição providencial de uma união mais perfeita, a que Deus havia projetado previamente para realizar quando os tempos chegassem à plenitude: os esponsais de seu Filho com a humanidade.

O CASAMENTO CRISTÃO À LUZ DO CASAMENTO DE JOSÉ E MARIA

Quando Jesus Cristo começou a pregar, os judeus, muito admirados, exclamaram: "Eis um ensinamento novo!" (Mc 1,27). Ele mesmo, no decorrer da última refeição junto com seus apóstolos, promulgou "a nova Aliança" (Lc 22,20), cuja carta se resume em um "mandamento novo", o da caridade (Jo 13,34).

É perto de sua morte que seus discípulos tomam consciência da prodigiosa renovação de todas as coisas operadas por seu Mestre. Trata-se, escreve São Paulo, de se tornar uma "criatura nova" (Gl 6,15), de viver uma "vida nova" (Rm 6,4), e por isso revestir-se de Cristo, "o Homem novo". Que se tome cuidado: não são somente as maneiras de ser que se devem tornar novas, mas antes o ser profundo do homem. É preciso nascer de novo, "nascer da água e do Espírito Santo" (cf. Jo 3,1-8), pois não existe renovação dos indivíduos e do mundo senão por Cristo (cf. Tt 3,5). Esse novo nascimento se realiza no batismo.

Escaparia dessa empresa de renovação de todas as coisas o casamento dos batizados? Certamente não, pois que ele é a união de dois seres novos, dotados de um coração novo, vivendo uma vida nova, identificados a Cristo. Pode-se então dizer do casamento o que São Paulo diz do cristão: "Se alguém está em Cristo, é uma nova criatura; as coisas antigas passaram, e surgiram novas" (2Cor 5,17). Sim, depois de Cristo, o casamento se tornou uma realidade radicalmente nova, um dos sacramentos da nova Aliança.

Aos esposos cristãos, que devem viver um casamento de um tipo novo, que modelo concreto propõem as Escrituras? O cristão indivíduo tem Cristo como modelo (Rm 8,29). Mas e o casal? São Paulo responde: "Maridos, amai vossas esposas como Cristo amou a Igreja". É, com efeito, a união de Cristo e da Igreja que a união do homem e da mulher deve imitar, reproduzir (cf. Ef 5,21-33). E durante vinte séculos, para fazer o povo fiel compreender as grandezas do casamento cristão, Padres da Igreja e teólogos não cessaram de meditar e comentar essa grande página aos Efésios. É preciso também reconhecer, todavia, que a própria profundeza dessa doutrina a torna pouco acessível a muitos casais cristãos.

As riquezas do casamento cristão serão reservadas então a uma elite intelectual? Nada de menos conforme ao espírito daquele que exclamou um dia: "Eu vos bendigo, ó Pai, Senhor do céu e da terra, porque estas coisas que escondestes aos sábios e entendidos, vós as revelastes à gente simples. Sim, Pai, porque assim foi de vosso agrado" (Lc 10,21).

Não! Não há necessidade de ser intelectual para descobrir essas riquezas. Um modelo é apresentado aos esposos cristãos desde as primeiras páginas do Evangelho: o casamento de José e de Maria, este casal humano, o primeiro a ser resgatado e santificado pelo Cristo. Basta considerá-lo com um coração simples para entrever as riquezas do casamento cristão. Objetará alguém que eu me desvio da

Tradição da qual acabo de dizer que sempre viu na união de Cristo e da Igreja o modelo do casamento cristão? Mas esta união de José e de Maria, longe de eclipsar a união de Cristo e da Igreja, no-la apresenta refletida em um perfeitíssimo espelho. Ela é, por que não dizer, um modelo intermediário, que remete na direção do grande modelo.

Reconheçamos, entretanto, que muitos de nossos contemporâneos não acolhem de bom grado esse modelo; eles o consideram propriamente inimitável, sem relação com o seu casamento. Alguns até se mostram irritados, o sublime exaspera-os. "Que nos apresentem homens como nós, nas garras de dificuldades e de tentações, lutando o melhor que podem para superá-las!" Ao lado daqueles que balançam a cabeça diante do "belo demais", há todos os outros, pobres pecadores eles também, mas que já se sentem mais puros ao olhar para José e Maria. Eles sabem bem que Deus não propõe um modelo sem oferecer, ao mesmo tempo, o meio de dele nos aproximar: tal é a graça do sacramento do matrimônio.

Nesse modelo, que será preciso considerar? Que tem ele de comum com os outros lares? O amor a Deus e a vida de oração, a ternura mútua, a fidelidade, o devotamento para com o filho, a abertura para com os infelizes... Certamente não se trata de negligenciar tais considerações. Mas reflexão feita, e por mais paradoxal que possa parecer, o que neles é mais esclarecedor para o lar cristão é exatamente o que faz de seu casamento uma união excepcional. E primeiro essa virgindade, na qual se comprometeram um ao outro, depois o fato único de terem por filho o Filho de

Deus, e por fim a presença de Jesus em seu lar, tão semelhante aos outros filhos e tão diferente pelo mistério de sua vida profunda. Nós iremos confrontar, alternativamente, o casamento dos cristãos com três aspectos do casamento de José e de Maria.

Virgindade e amor

José e Maria abstiveram-se da união carnal. Eis aí uma afirmação constante da Igreja. Os grandes doutores e o magistério, apoiando-se nas Escrituras, sustentam essa posição com a máxima força, com a força de quem defende um bem de primeira importância, um bem sagrado. É por isso que a virgindade de José e de Maria é uma característica fundamental, essencial, de sua união. Disso alguns concluem que seu casamento não tem como ser comparado com os outros, e que, em consequência, é inútil ou até perigoso propô-lo como modelo aos lares cristãos. Mas sua conclusão é indevida. Eles menosprezam o significado dessa virgindade. Comecemos, pois, por conhecê-la corretamente.

Ela é a um tempo uma realidade concreta e uma realidade espiritual: é abstenção do dom carnal, e é importante não desconhecer este primeiro aspecto. Mas ela tira todo o valor moral e religioso do motivo que inspira essa abstenção: sua vontade de pertença exclusiva a Deus. Cada um desses dois aspectos é rico de ensinamento para os lares cristãos, sendo que o segundo deve ser o essencial.

Virgindade, abstenção do dom carnal

Os teólogos têm tirado grande proveito da reflexão sobre o casamento de José e de Maria. Não sem sacrifício, aliás. Dois dados eram certos, de início: a decisão de virgindade perpétua de Maria e seu casamento com José. Podem parecer contraditórios. Depois de buscas e longos debates, surgiu enfim um princípio de solução. É o consentimento, ou seja, a vontade de pertencer um ao outro, que *faz* o casamento. Princípio que terminará por se impor igualmente aos legalismos civis, e de cujo valor civilizador nunca se dirá o suficiente. Tanto que a união carnal não é rigorosamente necessária para que haja casamento válido.

Que luzes podem os lares cristãos tirar daí para sua vida cotidiana? Uma primeira, capital: se a essência do casamento reside, não no dom físico, mas na vontade de pertença mútua, na união de pessoas tanto quanto de espíritos, é neste nível que o homem e a mulher encontrarão a plenitude à qual seu amor aspira; é, pois, primeiro e antes de tudo nesse nível que devem estabelecer diálogo, troca, união entre si. Os casamentos em que a carne tem a primazia não somente são vulneráveis e instáveis, mas decepcionam necessariamente. O homem não vive muito tempo no plano da carne sem que sua alma, excluída, revolte-se.

Compreendamos bem o exemplo de José e de Maria: ele não é de modo algum uma condenação do dom carnal no casamento. No lar cristão, em que a vocação normal é a de ter filhos – o que é lembrado também pelo lar de José e de Maria –, esse dom encontra toda sua razão de ser.

No mais, não lhe reconhecer a importância para manter e aperfeiçoar a união dos corações seria presunção, tentação de angelismo. A carne, por sua vez, menosprezada, não tarda em revidar.

Mas para José e Maria a união física não era necessária: por um lado, o filho pelo qual Deus os queria casados lhes foi dado de um modo diferente; por outro lado, esses dois seres tão transparentes um para o outro não tinham nenhuma necessidade da união carnal para crescer na intimidade de corações e de almas.

O que devemos guardar disso, nós, "carnais", é que a sexualidade não é a parte principal na realização da comunidade conjugal. Aí temos um alerta para que a vida sexual não se torne um lento afundar-se em areias movediças. "Alerta": a expressão é muito negativa; seria melhor dizer: convite à castidade, ficando bem entendido que castidade não é continência, abstenção do dom carnal, mas domínio da carne, integração e elevação do dinamismo sexual. Quando esse dinamismo sexual é tomado pelo espírito e penetrado pela caridade, já não é um inimigo de prontidão, mas contribui para o progresso espiritual da personalidade. E contribui para isso no plano mesmo do amor, do intercâmbio conjugal. Pois toda a arte está em o homem cuidar da educação de seu corpo, a fim de que se torne um meio sempre mais perfeito de conhecimento, de expressão, de comunhão. Não é, aliás, somente, nem principalmente, no ato sexual que o corpo exerce esse tríplice papel. Os recursos do corpo são múltiplos para estabelecer a comunicação entre os espíritos, para iniciar e alimentar o diálogo entre o homem e a mulher: o olhar (cujo poder de expressão é tão grande), as palavras (seu conteúdo e sua entonação), o sorriso (que é mais da alma que do corpo), uma mão que se abandona... E aí voltamos sem dificuldade a José e Maria. Compraz pensar na extraordinária qualidade de seu diálogo: eles haviam renunciado ao ato sexual, mas não, certamente, a esses múltiplos meios graças aos quais o homem e a mulher se reconhecem, se reencontram, se descobrem em profundidade, se comunicam e estabelecem comunhão.

Não se exclui que os esposos cristãos venham a renunciar às relações carnais, a exemplo de José e de Maria, temporária ou definitivamente. Santo Agostinho assegura-nos que a continência não era rara entre os lares que o rodeavam. "Nós sabemos", diz ele em um de seus sermões, "que um grande número de nossos irmãos, que produzem frutos de graça, abstém-se em nome de Cristo, e de mútuo consentimento, de toda relação carnal, sem renunciar com isso à caridade conjugal. Ao contrário, quanto mais eles resistem ao convite da carne, mais se fortifica seu amor". Que os esposos, porém, jamais se esqueçam de uma lei, sempre invocada pelos mestres espirituais: o espírito, para resistir às reivindicações de uma carne mortificada, deve recorrer diligentemente às forças divinas, às graças dos sacramentos e singularmente do sacramento do matrimônio. É preciso muita oração e caridade para se abster da carne: mas, em retorno, essa abstinência ajuda a crescer, tanto na oração como na caridade.

Virgindade, vontade de pertença a Deus

O segundo aspecto da virgindade de José e de Maria é ainda bem mais esclarecedor para os esposos cristãos. É, dizemos nós, em vista de uma total pertença a Deus que Maria e José lhe votaram sua virgindade. Nós estamos na borda do grande mistério de sua intimidade com Deus. Mas por que não tentar suspender uma ponta do véu? Nós conhecemos, por confidências diretas ou literárias, a psicologia de um ser que vive um grande amor, para quem um outro é toda a razão de seu viver, que está pronto a tudo sacrificar por esse alguém que para ele é tudo. Essas grandes paixões, nas quais a alma está mais comprometida que a carne, são grandes enganos, porque os amantes buscam no plano humano aquilo que não pode ser encontrado senão no plano de Deus: só Ele, de fato, é esse absoluto do qual o coração humano tem sede. Precisamente, porém, essas paixões têm o mérito de fazer entrever o que deveriam ser nossas relações com Deus.

Para Maria e para José, desde sua juventude, Deus é sua razão de viver. Ele é tudo tanto para um como para o outro. "Tu me seduziste, Javé!" teriam eles podido dizer – e talvez o tenham dito – acompanhando o profeta Jeremias, e com mais justa razão ainda. Cativo de Deus, cada um não mais dispõe de si mesmo, nem persegue seus próprios interesses, mas somente a glória do Senhor; o motivo de todos os seus atos é satisfazer aquele a quem pertencem. Já antecipadamente cada um vive a exortação de São Paulo aos Romanos: "Eu vos exorto a oferecer vossos corpos como sacrifício vivo, santo e agradável a Deus, pois este é vosso culto espiritual" (Rm 12,1). Esse é o aspecto fundamental, interior da virgindade de Maria e sem dúvida alguma da de José.

Mas, então, que disponibilidade de coração lhes resta ainda para se comprometer no casamento, para amar outro ser? Nenhuma, se por "disponibilidade" se entende a atitude de se doar quando se quer e a quem se quer. Total, se estamos falando de inteira docilidade aos planos de Deus, de aptidão para fazer o que ele deseja. É bem Deus, com efeito, que orienta Maria e José um em direção ao outro, que os entrega um ao outro. Amar o outro não é então amar "ao lado" de Deus, mas amar a Deus em primeiro lugar, pois é prova de amor fazer o que lhe agrada. Será o outro menos amado porque é amado assim por amor de Deus, em Deus? É até mais ainda, pois cada um ama com toda a força do amor de Deus, pois cada um ama o outro com toda a força de seu desejo de agradar a Deus. "A força com a qual te amo não é diferente daquela pela qual tu existes" (Claudel). E, em troca, cada um recebe o outro das mãos do Senhor, não como dom sobre o qual ciumentamente se fecham os braços, mas como dom que logo se faz oferta. Assim eu vejo o amor conjugal – o mais perfeito que se possa conceber – entre Maria e José, esses dois seres consagrados a Deus.

Acontece que cristãos se casem, não digo com um amor tão perfeito, mas pelo menos com disposições semelhantes? Provavelmente. Mas de fato essa virgindade do coração, essa total pertença a Deus, que estava na base do casamento de José e de Maria, apresenta-se mais amiúde aos esposos como a perfeição em direção à qual é preciso que tendam. Um homem e uma mulher, aos vinte anos, dão-se um ao outro no casamento; eles amam a Cristo e estão muito decididos a servi-lo, mas se seu amor de cristãos os convida a amá-lo como a um mestre, talvez como a um amigo, esse amor ainda não chegou àquele grau de maturidade em que se compreende que é necessário entregar-se a ele inteiramente. O amor de caridade continuando a crescer, um dia virá em que eles ouvirão, também, o convite ao dom sem divisão. (Quanto a isso, mais de uma vez recebi confidências.) Tal exigência interior de início os surpreenderá. "É muito tarde, pensam eles; comprometidos no casamento já não somos livres para responder a isso." Felizes então se compreendem, se são ajudados a compreender que também na vida conjugal existe um "segundo chamado". Não se trata certamente de abandonarem cônjuge e filhos, nem necessariamente de renunciar a toda vida carnal. Nada impede que o "deixa e segue-me", endereçado por Cristo a Pedro, a André, a Levi, a Saulo e a tantos outros, seja endereçado a eles também. O que constitui a essência profunda da virgindade, eis o que também eles devem viver. Toda vocação cristã, com efeito, tende para a virgindade, no sentido que ela é dom sem reserva, pertença total a Cristo. Quando os dois esposos tiverem evoluído de comum acordo, então sua união toma um novo rosto e encontra brilhante luz ao contemplar o casamento virginal de José e de Maria. Quando um só dos esposos ouve o chamado de Cristo, não imagine ele que, antes de responder, deva "esperar" o outro, para não se distanciar dele moralmente. Ninguém se distancia dos outros quando se aproxima de Deus. Ninguém frustra aqueles a quem ama quando se entrega a Deus.

Certos leitores serão talvez tomados de espanto ao ouvir falar de um amor assim, como se ele constituísse, por sua própria sublimidade, uma ameaça a seu amor conjugal, a esse pobre amor tão vulnerável e imperfeito, mas que ao menos tem o mérito de oferecer a seu coração um pouco de calor humano. Que estejam seguros! Desde quando o amor de caridade excluiria as ternuras terrenas? Ele é incompatível só com o pecado. Longe de desumanizar, ele "sobre-humaniza".

Como são humanos, os esposos cristãos que, a exemplo dos esposos de Nazaré, se amam na caridade! Neles todas as possibilidades do coração desabrocham: a admiração e a compaixão, a força e a doçura, a generosidade e a humildade, a exigência e a paciência. O amor de caridade, com efeito, que elimina pouco a pouco o veneno da "cobiça", faz a unidade entre as diversas tendências da personalidade, ele assume a todas, purifica-as e intensifica-as. Ele as toma a seu serviço e lhes comunica essa imperiosa necessidade de se manifestar, que é sua primeira característica. Era desumano o santo que escrevia esta página endereçada aos cristãos casados: "O amor e a fidelidade juntos geram sempre a intimidade e a confiança; eis porque os santos e as santas usaram muitas carícias recíprocas em seu casamento, carícias verdadeiramente amorosas, mas castas; ternas, mas sinceras... O grande São Luís, ao mesmo tempo rigoroso com sua carne e terno no amor para com sua esposa, quase foi censurado por ser farto em tais carícias; mas na verdade ele antes merecia elogio por deixar de lado seu espírito corajoso de homem de armas em favor das pequenas tarefas convenientes ao amor conjugal; pois, mesmo que essas pequenas demonstrações de pura e franca amizade não sejam suficientes para ligar os corações, elas contudo os aproximam e servem de agradável encaminhamento para o diálogo" (São Francisco de Sales)?

Brevemente, e para resumir, a virgindade de José e de Maria, que à primeira vista os parecia isolar num cume inacessível, ao contrário, faz com que pareçam singularmente próximos dos esposos cristãos. Eles são amigos que convidam à "integração" e à conversão profunda do dinamismo carnal. E ainda deixam entrever uma "misteriosa virgindade do coração", e muitos esposos ficam maravilhados ao descobrir que a isso aspiravam no mais íntimo de si mesmos.

Uma fecundidade espiritual

Não é a despeito de sua virgindade, mas em vista dela, que uma fecundidade miraculosa foi concedida ao lar de José e de Maria. Essa fecundidade, posto que única, comporta um ensinamento precioso para os esposos cristãos; ela lhes revela que eles são chamados a bem outra coisa que só à multiplicação da espécie humana. De fato, ao casamento novo, ao casamento-sacramento que é o seu, corresponde uma fecundidade nova. Trata-se de dar nascimento a seres dos quais Cristo quer fazer seus irmãos, a quem ele quer comunicar sua vida, em quem ele quer viver.

Mas que eles sejam modestos, que aprendam, ao contemplar o casamento virginal de José e de Maira, que um filho de Deus não pode ser engendrado senão por Deus. Jesus recebeu de Maria apenas sua natureza humana. E ainda fora das leis habituais da concepção: era preciso com efeito que sua geração temporal fosse, ela também, reconhecida como sendo obra de Deus.

Deus tem necessidade dos esposos cristãos para multiplicar seus filhos. Mas, enquanto no lar de Nazaré nasceu o Salvador, no lar cristão nasce aquele-que-tem-necessidade-de-ser-salvo. Que os esposos não se entristeçam com isso! Eles fazem o que lhes cabe: engendrar filhos de homem; Deus, se recorrem a ele, fará o que lhe compete: pela força do batismo, esses filhos da Terra tornar-se-ão seus próprios filhos.

Assim, Deus não delega a ninguém o poder de engendrar seus filhos. Em contrapartida, delega a educação. Dessa forma, os esposos cristãos têm a admirável missão de educar filhos de Deus, e essa missão sem igual está muito acima das responsabilidades humanas na educação. Mais que nos livros, é no lar de Nazaré que eles aprenderão como se comportar com esses irmãos e irmãs de Jesus que, sob seu teto, são chamados a crescer em idade e em santidade. Deus sem dúvida não fará milagres em seu favor, como não o fez no lar de Nazaré depois da concepção de

Jesus. Mas, na medida em que sua união estiver disponível a seu amor e a sua graça, como no caso de José e de Maria, ele trabalhará por meio deles para fazer desabrochar em seus filhos a vida mesma de seu Filho – com a condição, é claro, de que os filhos se prestem a isso. Colaboradores de Deus, essa é a palavra que define sua missão de pais.

A uma fecundidade nova, nova paternidade e nova maternidade. José e Maria, inclinados sobre o filho que acaba de nascer, sentem profundamente que devem proteger esta vida frágil, mas, ao mesmo tempo, como se sentem pequenos diante dele! Nada existe de possessivo em seu amor de pais, pois este menino não é fruto de seu agir, mas o Filho de Outro.

Semelhante reversão de perspectiva vai operar-se no lar cristão. No filho de sua carne, depois que o trouxeram de volta da fonte batismal, pai e mãe descobrem o filho de um Outro: é um bem de Deus, é um filho de Deus confiado a seus cuidados, para que velem sobre seu crescimento físico e moral, mas antes sobre o surgimento e o desenvolvimento nele do "homem novo".

Seu amor por ele se acha com isso radicalmente transformado. Esse amor é feito de uma grande reverência, porque esse filho não é em primeiro lugar aquilo que eles veem, mas aquilo que acreditam. Esse amor é feito também de devotamento, mas no sentido religioso do termo. A educação cristã é uma forma de culto: ela é serviço de Deus no filho – "O que fazeis a um destes pequeninos, é a mim que o fazeis" (Mt 25,40).

José e Maria, diante do menino que dormia na pobre casa, perguntavam-se frequentemente sobre seu misterioso destino. Do mesmo modo, os pais cristãos sabem que todo irmão de Cristo é, ele também, um enviado de Deus aos homens, e que eles devem ajudá-lo a tomar consciência de sua vocação pessoal.

Que se guardem de decidir sobre ela. O que lhes compete é fazer tudo para que seu filho, chegada a hora, esteja apto para entender o apelo de Deus, seu Pai, e a Ele responder. Às vezes, as vontades de Deus lhes parecem desorientadoras: que não se surpreendam, "seus caminhos não são os nossos caminhos". Mesmo José e Maria, diz São Lucas, não compreenderam aquelas palavras de Jesus, quando, depois de três dias de busca, o encontraram no Templo: "Não sabeis que devo estar nas coisas de meu Pai?" Mas acreditavam em Deus.

Deus não confia uma tarefa tão alta sem conceder aos pais um dom prodigioso: Ele os faz participar de seu amor de Pai. Sim, por meio dos pais que amam seu filho, é o amor do Pai que se derrama sobre seu Filho bem amado. Através de sua autoridade, é sua autoridade que se exerce. Sua providência, através de seu devotamento. Com a condição, entretanto, que lhe apresentem corações pobres e humildes, totalmente abertos a acolher seus dons e seus estímulos.

Esse amor de Deus, longe de desalojar os sentimentos humanos para se colocar em seu lugar, purifica-os, vivifica-os e intensifica-os. Não há dúvida que os pais mais autenticamente cristãos são também os mais calorosamente "humanos".

Quanto ao pequeno batizado, que encontra junto de seu pai e de sua mãe as disposições de alma que já expusemos, ele faz a descoberta e a experiência do amor paternal de Deus. Sem dúvida, só tomará consciência disso quando crescer, mas desde já o amor divino, através da ternura de seus pais, faz eclodir e desabrochar nele seu ser de filho de Deus.

Os lares estéreis deviam encontrar, eles também, um grande consolo ao meditar o mistério de Nazaré. O lar de José e de Maria foi, no início, um lar sem filho, como tantos casais célebres da Antiga Aliança: Abraão e Sara, os pais de Samuel, os de Sansão, Isabel e Zacarias... A esterilidade era frequentemente sinal de que Deus se reservava o direito de intervir na fecundidade de um casal e de que o filho teria uma missão divina. Como todo casal cristão, o casal estéril deve se saber e se querer destinado ao crescimento do Corpo de Cristo. Que aceite ser "pobre", no sentido bíblico da palavra – a esterilidade não é a pobreza mais radical? –, que coloque sua esperança em Deus. Às vezes, terá o filho por milagre. Às vezes se sentirá chamado a adotar crianças privadas de pai e de mãe. Mas que primeiro comece por se perguntar se Deus não o destina a cooperar de outra maneira com o crescimento do Corpo místico. É certo que seu amor cristão não ficará sem essa bênção que é a fecundidade. De uma forma que às vezes lhe permanecerá desconhecida, será colaborador no desígnio de Deus. Que se guarde de vacilar na fé e na esperança: que persevere na oração, que recorra à Eucaristia, essas duas fontes de toda fecundidade espiritual.

Quer tenha filhos ou não, o lar cristão sabe bem que há outras maneiras de colaborar para obra de Deus. A mais certa, a mais profunda, embora a menos visível, é a de deixar crescer nele o Reino de Deus. E aí também, a lição de Nazaré fala alto: para três anos de vida pública, Jesus viveu trinta anos de vida escondida. Quer dizer, trinta anos nos quais o Reino de Deus misteriosamente crescia entre essas três criaturas, nas quais desde então a Redenção do mundo estava operando.

Guardemos na mente que todo lar cristão tem uma missão, no prolongamento daquela que Deus confiou ao lar de José e de Maria: a missão de contribuir para o crescimento do Corpo místico de Cristo.

Um mistério cristão

"Um lar comum como tantos outros" é tudo o que devia pensar a gente de Nazaré diante de José, Maria e Jesus. Se eles o soubessem! Certamente teriam exclamado como seu ancestral Jacó, despertando em Bethel depois de um sonho maravilhoso: "Na verdade, Deus está neste lugar, e eu não o sabia. Este lugar é terrível! É nada menos que a casa de Deus e a porta do céu!" (Gn 28,16-17). Essa exclamação convém admiravelmente para designar o lar de José, o carpinteiro, sem nada de especial aos olhos de todos, mas onde se vive em realidade um grande mistério.

Esse mistério é o mesmo do lar cristão, pois Cristo disso nos deu a segurança: "Quando dois ou três estão reunidos em meu nome, eu estou no meio deles" (Mt 18,20). Clemente de Alexandria, o primeiro a aplicar esse texto à família cristã, pergunta: "Quem são esses dois ou três senão o pai, a mãe e o filho?". Assim, o que pode parecer privilégio só do lar de Nazaré é de fato o privilégio de todo lar cristão.

Crer nesse mistério terá sido coisa mais fácil para José e Maria? Os casais cristãos que assim pensam esquecem que os pais de Jesus viviam também sob o regime da fé. Reconhecer, na criança que brincava na oficina de seu pai, o Deus três vezes santo de Isaías não era muito mais fácil para eles do que para a família cristã acreditar na presença do Cristo glorioso em seu meio. *"Meu justo vive da fé"* (Hab 2,4), diz Deus. É à luz opaca dessa fé que é preciso tentar entrever o mistério do lar cristão.

O diálogo do Pai e do Filho

Onde está o Filho, ali está o Pai; ali se processa o diálogo eterno do Filho e do Pai. Diálogo de amor, dom mútuo, comunhão do Pai e do Filho na unidade do Espírito Santo. As três Pessoas divinas vivem, pois, sua imensa e misteriosa vida no lar de José e de Maria, no qual está presente Jesus. O mesmo ocorre em todo lar cristão.

Toda a missão do Filho consiste em introduzir em seu diálogo com seu Pai aqueles no meio dos quais ele vive. Ele não desceu dos céus senão para "filializar" o universo, apoderar-se de todos os seres, prendê-los a si, comunicar-lhes sua vida filial, associá-los à sua dupla atitude de abertura à efusão do amor do Pai e de alegre e feliz gratidão para com Ele.

É o que Jesus faz sem descanso no lar cristão, como outrora na casa de Nazaré. Mas que se compreenda bem: não são somente os membros do lar, tomados isoladamente, que o Cristo une a si para fazê-los viver sua vida; é também, e em primeiro lugar, o casal e depois a toda a família como tal, pequeno corpo místico, cujos membros ele une ao ligá-los a si. É verdade que o barro humano é pesado, pouco permeável a seu Espírito. A esse espírito que, depois da Ressurreição, ele quereria dar em superabundância a sua Igreja, a cada célula, a cada membro dessa Igreja.

Os que querem receber o Espírito, Dom de Deus, devem lembrar que ele é dado a quem se abre a ele pela oração e pela ascese e vai a seu encontro nos sacramentos.

No lar de Nazaré morava o grande "sacramento", a humanidade concreta de Jesus santificando aqueles de que se aproximava. Hoje, a humanidade gloriosa de Cristo usa, para nos ajudar, os sete sacramentos da Igreja. Eles são como que seu prolongamento. O matrimônio é um desses sacramentos. Vale dizer que todas as atividades dos esposos, na media em que são vividas segundo a vontade Deus, são como canais por onde passa a graça para santificar, filializar os corações. Assim, no lar cristão, Cristo age incessantemente para comunicar sua vida, e comunicá-la em plenitude. Quanto aos sacramentos que os esposos recebem na igreja, é no lar, "pequena igreja", célula do Corpo místico, que frutifica a graça que eles comunicam.

"Por Ele, nós temos acesso ao Pai." Assim, "filializada" por Cristo, a família se dirige ao Pai, sem medo nem pusilanimidade, mas com aquela audácia filial que é a virtude própria dos filhos de Deus (cf. 2Co 3,4). Os olhares, os corações e a vida de todos serão orientados para o Pai, como era no lar de Maria e de José.

Orígenes escrevia: "a Igreja está repleta da Trindade". Com a mesma justiça se poderia dizer isso do lar de Nazaré; o que é verdadeiro também sobre toda família cristã.

No lar cristão, assim como no lar de José e de Maria, Cristo persegue sem cessar seu grande objetivo de introduzir os que o rodeiam na vida trinitária, de lhes devolver o "benevolente desígnio" do Pai, de fazê-los descobrir a parte que lhes cabe assumir na realização desse desígnio.

Uma pedagogia divina

Da vida no lar de Nazaré se depreende aquilo que podemos chamar de constantes da pedagogia de Deus. E há nisso também um modelo para nossos lares.

Parece que podemos reduzir essas constantes a cinco:

1. Deus quer que durante a permanência na Terra seus filhos estejam submissos às leis da vida em sociedade;
2. ao mesmo tempo, Ele os quer livres e exige que se libertem;

3. Ele mesmo trabalha para essa libertação, conduzindo-os por meio dos acontecimentos a fazer opções e a se superar;
4. em troca, desvia de seu caminho o que poderia impedir sua missão e comprometer sua perfeição;
5. e, sobretudo, concede-lhes bens em abundância, mas que não se pesam necessariamente pelas balanças da Terra.

Submissos às leis. – Deus quis que José e Maria estivessem submetidos à grande lei que se impõe a todo homem: o trabalho. No seu caso, um trabalho modesto, que os insere na condição humana que está entre as mais comuns: a de carpinteiro para José, a de dona de casa para Maria. Os intelectuais do tempo não tinham nenhuma estima por esses ofícios manuais. "Como poderá tornar-se sábio quem maneja o arado...? Assim acontece com todos os operários, ferreiros, oleiros. Todos os que puseram sua confiança em suas mãos. Eles não se encontram no conselho do povo. Não brilham nem pela cultura nem pelo discernimento" (Eclo 38,24s.).

Com toda certeza, José era um artesão competente e consciencioso, preocupado com o trabalho bem feito, em oposição ao amador e ao diletante. Seu trabalho era rude: ganhou o pão com o suor de seu rosto. Sabia ver no trabalho uma pena que Adão havia merecido por seu pecado; mas também uma graça, um meio de se ligar a seu Deus; e, por fim, um serviço a seus irmãos: quem não havia recorrido, um dia ou outro, ao carpinteiro da aldeia? Da mesma forma que os carpinteiros de seu tempo, também eram os ferreiros, os pedreiros...

Por mais diferente que fosse, o trabalho de Maria não era menos absorvente e fatigante. Ela estava incumbida das tarefas comuns a todas as mulheres de seu tempo: cozinhar e lavar, fiar e tecer, tirar água, assar pão. Com que perfeição observava ela o que São Paulo recomenda aos Colossenses: "Tudo o que fizerdes em palavras e em obras seja tudo em nome do Senhor Jesus, agradecendo por meio dele a Deus Pai" (3,17).

Assim, Deus nada deu de graça a seu Filho. Os membros do lar de Nazaré tiraram sua subsistência do trabalho cotidiano. É o mesmo que acontece com os esposos cristãos. Mas que eles aprendam de José e de Maria a trabalhar sob o olhar de Cristo e a ele oferecer suas penas e seus trabalhos, a fim de que ele os apresente a seu Pai.

Que nunca pensem em escapar das leis da cidade, grande ou pequena. Que se mirem no exemplo da lealdade de José e de Maria diante das leis civis ou religiosas. Quando um edito de César o exigiu, eles se dirigiram sem hesitar para Belém. E a cada ano subiam ao Templo, mesmo que a casa onde vivia o Filho de Deus fosse bem mais que o Templo!

Livres em relação ao mundo. – Ao mesmo tempo que Deus convida os seus a se submeter às leis da condição humana, Ele os quer livres. Homens livres, não dominados por qualquer criatura. "Irmãos, vós fostes chamados à liberdade", escreve São Paulo aos Gálatas (5,13). O hebreu livre, no momento de sua partida do Egito, "cingidos os rins, sandálias nos pés, cajado na mão", permanece o símbolo de todo verdadeiro filho de Deus, que aceita ser "estrangeiro e viajor sobre a terra" (1Pd 2,11), "em marcha para uma terra melhor" (Hb 11,16).

Em duas circunstâncias pelo menos, foi endereçado por Deus a José e a Maria aquele "deixe" que depois Jesus iria dizer aos que haveria de escolher como discípulos. "Deixe Nazaré e a pequena casa, toda preparada para receber o Menino, e vá fazer-se recensear em Belém." "Deixe Belém, porque o Menino não está em segurança. E tome o caminho do exílio." Deixar é obedecer, mas é também libertar-se. Todo homem está sempre tentado a "se instalar", tanto no plano material como no espiritual. Como é importante que os esposos cristãos aprendam, a exemplo de Maria e de José, a reconhecer a mão de Deus por trás daquilo que os desaloja, a ouvir o convite a não ficar cativo de nenhum patrão, de nenhum bem, de nenhum poder deste mundo!

Provados por Deus. – A provação é muitas vezes um meio que Deus utiliza para ajudar seus filhos a se libertar. Que eles saibam, portanto, ver nela uma ocasião oferecida a seu amor e a sua confiança para com ele, de se firmar, de se afinar, de se superar. É próprio de um verdadeiro filho de Deus discernir, além do aspecto doloroso da provação, uma proposta de amor do Pai.

Não devem ter faltado a José e a Maria provações materiais: a falta de trabalho – quando a colheita era pouca, não se faziam encomendas ao carpinteiro; o trabalho a ser procurado quando chegavam a um país desconhecido; o devedor negligente ou desonesto, que era preciso pressionar...

Mas há coisa mais dura. Em particular, a provação moral, como a de não compreender: quando José crê ter de renunciar àquela que é a felicidade de seu coração; quando os dois juntos, durante três dias, em Jerusalém, angustiados, buscam Jesus desaparecido. Muitos anos mais tarde, desfiando suas lembranças diante de Lucas, *"tendo afinal compreendido tudo"* a respeito de seu Filho, Maria ainda estremecia.

Essa dilaceração da alma que confia, mas que ignora o sentido do que lhe acontece e por isso treme até suas bases, é também o quinhão dos lares quando a pedagogia divina os atinge com o incompreensível, o imprevisto, o injusto e desumano. José e Maria os ajudarão a ver nisso uma intervenção de amor do Deus educador.

Protegidos por Deus. – Se Deus permite que o mal se abata sobre seus filhos, é somente na medida em que esse mal é para eles ocasião de crescimento no amor. Se há perigo de seduzi-los ou se opor à missão que têm para cumprir, então Deus se faz seu "escudo", segundo a expressão da Bíblia. Isso se vê com clareza quando Herodes lança seus sicários contra os recém-nascidos de Belém: imediatamente o Senhor previne José, pois, para seu Filho, não era ainda chegada a hora de verter seu sangue.

Um lar de verdadeiros crentes apoia-se com segurança sobre esta dupla certeza: Deus é amor, e esse amor dispõe de todo poder. Nada acontecerá, portanto, que Ele não autorize. E o que Ele autoriza, o que acontece, por mais incompreensível que pareça, por mais doloroso que seja, ao fim das contas não pode ser senão para o bem. *"Todas as coisas concorrem para o bem dos que amam a Deus"* (Rm 8,28).

O cêntuplo. – Mas, em definitivo, o que mais eloquentemente proclama a história de José e de Maria é que Deus cumula de bens aqueles que o preferem a tudo. Jesus dirá mais tarde: "Ninguém deixará casa, ou irmãos, ou irmãs, ou mãe, ou pai, ou filhos, ou terras por causa de mim e do Evangelho, sem que receba, já agora, nesta vida, o cêntuplo em casas, irmãos, irmãs, mães, filhos e terras, no meio de perseguições e, no século futuro, a vida eterna" (Mc 10,29-30). Que se vê em Nazaré? Um homem e uma mulher que renunciaram à paternidade e à maternidade e que recebem por filho o próprio Filho de Deus. Eis bem o cêntuplo prometido.

Contemplando-se essa ilha de felicidade que foi o lar de Nazaré, enfim se compreenderá que a felicidade não é suspeita aos olhos de Deus; suspeito é somente o perder-se no prazer, o preferir as alegrias da Terra à felicidade de Deus. Deus apenas quer dar-nos o cêntuplo: não é avaro de suas riquezas. Mas não o pode fazer senão raramente, pois de seus dons seus filhos se apressem a fazer ídolos, aos quais se escravizam.

***

Esse é o exemplo que a história do lar de Nazaré propõe a todo lar fundado por Cristo, sobre Cristo. Esse exemplo é ao mesmo tempo uma mensagem de esperança. Se os esposos cristãos não esquivam a pedagogia divina em ação em sua vida, como também no lar de Maria e de José, Deus há de conduzi-los "com mão forte e braço estendido" até aquela Terra Prometida onde os espera. O casamento terá sido para eles um caminho de santidade.

Mas eis que, ao escrever estas páginas, me vêm ao pensamento tantos lares onde o amor está doente, a união em farrapos, os corações dilacerados. Estariam eles tão longe assim, como imaginam, dos esposos de Nazaré? Não, eles são seus pobres filhos doentes; que não pensem ser menos amados porque menos felizes, porque mais pecadores, quem sabe. Que reconheçam humildemente sua pobreza: não é impossível que Maria – ou José –, voltando-se para seu Filho, faça a observação, como um dia em Caná: "Eles não têm mais vinho, já gastaram toda sua provisão de amor".

Durante dez séculos, voltando-se sem cessar para o casamento de José e de Maria, a teologia procurou e finalmente encontrou os fundamentos da doutrina cristã do casamento, tão nova em relação a qualquer outra teoria sobre o casamento. Por que então, ainda hoje, não pediria ela, a esse mesmo casamento de José e de Maria, as novas luzes que os problemas novos reclamam?

Por que a espiritualidade conjugal e familiar – se se entende por isso a arte de viver cristãmente e de se santificar no e pelo casamento – não se volta aos esposos de Nazaré para elucidar seus princípios diretores? Vê-se que recorre às ciências humanas, interessa-se pelas aquisições da psicologia e da fisiologia. Não a censuremos por isso. É bom conhecer mais a natureza, suas exigências e seus recursos, pois que aí a graça encontra bom terreno para se enraizar. Mas os lares ficariam bem desprotegidos só com esses conhecimentos e trunfos humanos – e eu diria, até, só com suas noções de teologia – se não veem, realizadas em um "lar piloto", a salvação e a grande novidade que Cristo veio trazer àqueles dentre os seus que ele chama para o casamento.

Que, todavia, os esposos cristãos não se contentem com uma imitação servil: só a reflexão à luz da fé os fará encontrar os comportamentos justos e a ação oportuna.

Felizes os lares humildes que decidem não perder de vista esse lar em que Cristo cresceu!

O CASAMENTO DE JOSÉ E MARIA NA TRADIÇÃO CATÓLICA

*E*sta breve antologia reúne alguns textos de Padres da Igreja, de teólogos, de autores espirituais, de papas, também de um poeta, que escreveram sobre o casamento de José e de Maria. Por si mesmos esses textos têm grande valor, e sua variedade coloca em relevo a diversidade dos aspectos sob os quais se pode olhar o assunto, e, portanto, sua riqueza espiritual. Além disso, dentro do contexto deste ensaio, eles mostram que nossa reflexão se enraíza na tradição cristã.[1]

Antes de ler esses textos, indiquemos somente, para introduzi-los, algumas etapas do itinerário seguido pelo pensamento cristão.[2]

No decorrer dos primeiros séculos, a reflexão teológica não se deteve no casamento de José e de Maria. Era mais urgente defender e proclamar a virgindade da Mãe de Jesus – antes e depois do nascimento de seu filho – que alguns contestavam. São Jerônimo, que foi um fervoroso advo-

---

[1] A maior parte dos textos citados neste apêndice foi extraída de: *Saint Joseph*, de Henri Rondet (Lethielleux, 1954) e *Le plus beaux textes sur saint Joseph*, apresentados por Mgr. J. J. Villepelet (La Colombe, 1959).

[2] Nós nos inspiramos muito largamente na tese para doutorado de teologia de H. Frévin, *Le mariage de la Sainte Vierge dans l'histoire de la théologie* (Facultè de théologie de Lille, 1951), e em uma conferência do mesmo autor pronunciada na Sessão marial de Lille, em dezembro de 1954, sob o título *Le mariage de la Sainte Vierge, lumière du mariage chrétien*.

gado dessa causa, escamoteou o casamento de Maria e de José; curiosamente, ele via em José, "antes que um marido, um guardião", pois a seus olhos o verdadeiro casamento implicava necessariamente a união carnal. Santo Ambrósio contenta-se em ver nessa união um autêntico caráter jurídico. Santo Agostinho, fustigado pela contradição, agarra o problema e nunca o largará. Na história da teologia, ele permanece sendo o grande defensor do casamento de José e de Maria. É o seguinte seu argumento: as relações carnais não são tudo no casamento cristão, não são nem o essencial; com Cristo, o casamento passou para um novo plano, em que o que importa é a união das pessoas. Sua reflexão sobre o casamento de José e de Maria, tendo-o levado a tomar consciência das grandezas do casamento cristão, fez com que ele não falasse deste sem se referir àquele.

Durante os séculos que se seguem, volta-se ao lar de Nazaré quando se coloca, de maneira clara, o problema da indissolubilidade do casamento. Para ter clareza nisso, é preciso determinar o que fundamenta a união indissolúvel dos esposos. É o consentimento, dizem os defensores da "tese contratual". Não, é a consumação, dizem os adeptos da "tese carnal". Os primeiros tomam o argumento do casamento de José e de Maria, verdadeiro casamento, embora não consumado. Os segundos – os canonistas, sobretudo – recusam fazer desse casamento uma norma. Eles não negam sua realidade – isso não é possível –, mas o consideram como um caso de tal forma excepcional que não tem grande coisa em comum com o casamento ordinário. Como apoio de sua tese, recorrerão a um ensinamento da tradição e indiscutível: o casamento é a imagem da união de Cristo e da Igreja. Ora, dizem eles, é a união física do homem e da mulher, o "uma só carne", entendido no sentido material, que é o sinal da união de Cristo e da Igreja no "um só Corpo", o Corpo que nós hoje chamamos de Corpo místico. É forte a argumentação. Desta vez, não é uma visão tão materialista que vai pender a balança para o lado da tese carnal, mas, ao contrário, uma grande visão mística, incontestável. Olhado sob essa luz, o casamento de José e de Maria se apresenta como um casamento imperfeito, uma vez que não é senão uma imagem imperfeita da união de Cristo e da Igreja.

Os teólogos – Hugo de São Vítor, entre outros – objetam: entre esposos, a união de almas na caridade é, ela também, sinal da união de Cristo e da Igreja; ora, o casamento de José e de Maria oferece-nos o exemplo da mais perfeita união na caridade; logo, seu casamento é um verdadeiro casamento – e o mais perfeito dos casamentos.

Pedro Lombardo retoma e precisa a teologia de Hugo de São Vítor. É, diz ele, a união total (corpo e alma) do homem e da mulher que é a imagem completa da união de Cristo e da Igreja. Mas há casamento verdadeiro desde que haja consentimento, não sendo a consumação e a união carnal senão a expressão, não necessária, da realidade essencial, a saber, do consentimento e da união dos espíritos. Santo Tomás, retomando esta doutrina, ensina que "a essência do casamento consiste na união indivisível dos espíritos, por força da qual os esposos são obrigados a guardar inviolável fidelidade". Dentro desta ótica, a abstenção das relações carnais já não é uma objeção à realidade do casamento de José e de Maria. Com isso, porém, a união física dos cristãos casados não se reveste de menor dignidade, notadamente quando, traduzindo o dom total dos esposos um ao outro na caridade, é orientada para o filho.

Assim, durante mais de dez séculos, a referência ao casamento de José e de Maria, a meditação de seu mistério, obrigou os teólogos a investigarem a verdadeira natureza do casamento cristão, a nele descobrir uma fonte de graça e, enfim, a lhe reconhecer um lugar entre os sete sacramentos.

Já não sendo colocado em questão o casamento de José e de Maria, nada mais restava senão proclamar suas grandezas. Alguns, entre os mais célebres autores, dedicaram-se a isso. Encontram-se aqui páginas admiráveis, que retomam o tema com variantes originais. Mais que a reflexão especulativa, nelas se manifesta a experiência espiritual de cada autor. Mas, entre esses textos, é preciso conceder um lugar à parte aos papas que, durante cento e cinquenta anos, falaram de José e Maria e de seu casamento: Leão XIII, Pio XI, João XXIII, Paulo VI. Por si só garantem que estamos na linha certa da tradição e que há necessidade de essa tradição retomar lugar em nosso tempo.

Santo Agostinho (354-430)

José e Maria, indissoluvelmente unidos, são para Agostinho um modelo de amor conjugal, que todos os lares são chamados a imitar.

José tinha Maria como esposa, não por relações carnais, mas pelo carinho; não pela união dos corpos, mas por aquela bem mais preciosa união dos espíritos... Que os fiéis de Cristo não atribuam absolutamente às relações carnais com seu cônjuge uma importância tal que, sem elas, não se possam considerar como esposos; que antes vejam como perfeita a união pela qual imitam melhor os pais de Jesus, unindo-se um ao outro mais estreitamente enquanto membros de Cristo.

Tendo afirmado tão claramente a realidade do casamento entre José e Maria e, por isso mesmo, a força do laço espiritual que os unia, Agostinho vai fundamentar não menos solidamente a realidade e a força da paternidade, inteiramente espiritual, de José. Veja-se o vigor de sua afirmação básica: "O que o Espírito Santo operou, operou em favor de ambos", *associando assim José e Maria no pensamento e na ação divinos. Esta afirmação é ainda mais peremptória pelo fato de ele a colocar na boca do próprio José.*

Os Evangelhos dão-nos a genealogia de Jesus através de José, e não por Maria; pois, se Maria se tornou mãe fora dos desejos da carne, José realmente se tornou pai ainda que fora de qualquer união carnal. Ele pode, pois, ser o termo ou o ponto de partida da genealogia do Salvador, e nós não devemos de modo algum estranhar isso sob pretexto de ele não ser o pai de Jesus segundo a carne. Que sua maior pureza confirme, pois [para nós], sua paternidade. E não nos exponhamos a ser corrigidos pela própria santa Maria, que jamais quis colocar seu nome na frente do nome de seu esposo, mas disse: "Muito aflitos, teu pai e eu te procurávamos" (Lc 2,48).

[...] Se nós o afastamos para colocar Maria em seu lugar, ele estará autorizado a nos dizer: "Por que me deixais de lado? Por que não serei eu mais o termo ou o ponto de partida da dupla genealogia, a ascendente e a descendente?". Iremos dizer: "Porque não engendraste Cristo de teu sangue?". Mas responderá ele: "Será que Maria deu à luz segundo a lei da natureza? O que o Espírito Santo operou, operou em favor de ambos". José era justo, diz o evangelista (Mt 1,19). O marido era justo, a esposa era justa. O Espírito Santo, que tinha suas complacências na justiça de ambos, deu a ambos um filho. Se concedeu ao sexo feminino, como lhe competia, gerar o filho, este por direito de nascimento pertence igualmente ao pai. Tanto que José e Maria é que devem, segundo a ordem do anjo, dar o nome ao menino. Sendo assim asseverada sua autoridade de pais [...].

Com tanta prudência quanto sabedoria, os dois evangelistas dão a genealogia de Jesus por meio de José: São Mateus, descendo de Abraão até Jesus Cristo, e São Lucas, remontando de Jesus Cristo, passando por Abraão e chegando até Deus. Um conta as gerações descendo, o outro, subindo, e os dois a partir de José. Por quê? Porque ele é o pai de Jesus – tanto mais verdadeiramente quanto mais castamente. Sem dúvida, acreditava-se que José era pai de Nosso Senhor Jesus Cristo de uma forma totalmente outra. Eis porque São Lucas diz: "(Jesus...) Filho de José, como pensavam" (3,23). Por que pensavam que ele era filho de José? Porque o pensamento e o julgamento dos homens se formavam ao longo do curso habitual das coisas. Se o Senhor nasceu sem a intervenção de José, contrariamente à opinião que se tinha sobre isso, disso não se deduz senão que o filho nascido de Maria foi entregue ao devotamento e ao amor de José, este filho que é também o Filho de Deus.

Hugo de São Vítor (1100-1141)

Hugo, mestre de estudos da célebre escola teológica de São Vítor, distingue dois simbolismos no casamento: simbolismo da união carnal, que é "grande" em relação a Cristo e à Igreja, e simbolismo da união de almas, que é "maior" em relação a Deus e à alma.

Ao dizer isso, pensa explicitamente no casamento de Maria e José, que ele quer tomar como modelo de casamento ideal.

A mulher, com a qual está provado que não houve relações carnais, já não pertence a este sacramento, que é grande em relação a Cristo e à Igreja, mas àquele é *maior* em relação a Deus e à alma. O primeiro é o casamento segundo a função natural. É ao outro, aquele que é em Deus e na alma, que pertence o casamento da bem-aventurada Maria e de José, casamento tão mais santo quanto mais isento da obra da carne.

Partindo daí, ele traça um admirável retrato dos esposos que estão unidos, não tanto pelos laços da carne quanto pelos laços do espírito.

Por que laço estão unidos os que contraem casamento? Por um laço carnal, dirá aquele que não vê senão a carne... Mas não é ainda maior esse laço se os dois são um pelo espírito, e não somente pela carne? É esse pacto que une aqueles que se obrigam, por uma promessa voluntária, a se amar com sincera dileção, a se ajudar com toda solicitude, a se compadecer de todo o coração, a se dar toda consolação, a se devotar com toda fidelidade um ao outro. O que um quer para si, quer para o outro; não são senão um, tanto na fortuna quanto na adversidade; inseparáveis na tribulação e na paciência. Enfim, nas necessidades do corpo cada um cuida do outro como de sua própria carne e, pelo amor do coração, guarda tanto quanto pode a alma do outro na paz e na serenidade, como sua própria alma. É assim que, na paz e nas trocas incessantes, cada um, vivendo não para si, mas para o outro, vive em si mesmo mais feliz e afortunado. Tais são os bens e a felicidade do casamento dos que se amam castamente e que não podem conhecer aqueles que não procuram no casamento senão as doçuras da carne.

Dom Ubertino da Casale (1259-1329)

Este beneditino, que foi muito plagiado, mas que nunca deixou de ser bem obscuro, teve uma intuição muito viva da semelhança de alma entre Maria e José e deduziu os sentimentos de Maria a partir dos de José para com ela (quando ordinariamente se pensa sobretudo nos de José por Maria). Esta passagem é de uma delicada e penetrante fineza.

Em todo casamento, a união dos corações se estabelece a tal ponto que se diz que esposo e esposa são uma só pessoa. Assim José tinha de necessariamente assemelhar-se à Virgem, sua esposa: como teria o Espírito Santo unido com laço tão estreito à alma de uma Virgem tal como Maria outra alma, se esta não tivesse com ela uma grande semelhança pela prática das virtudes? Este São José foi, portanto, o homem mais puro em virgindade, o mais profundo em humildade, o mais ardente em amor, o mais elevado em contemplação.

E porque a Virgem sabia que o Santo Espírito lhe havia dado José como esposo, para ser o fiel guardião de sua virgindade e para partilhar com ela seu amor de caridade, bem como sua atenta solicitude para com o Divino Infante, Filho de Deus, sim, eu creio, Maria amava sinceramente José.

Se a Mãe de Deus, em sua grande caridade, roga pelos pecadores, os carrascos de seu Filho, com que mais forte razão não deve ter ela solicitado as graças do céu para seu esposo devotadíssimo e amantíssimo? Uma vez que os bens da esposa são os bens do esposo, a bem-aventurada

Virgem comunicou a José, dos tesouros de seu coração, tudo o que ele podia receber.

E ouso dizer que Maria amou José mais que a qualquer outra criatura. Seu amor por José vinha logo em seguida do amor que ela tinha por Jesus, o fruto bendito de seu seio.

São Francisco de Sales (1567-1622)

São Francisco de Sales se vale de metáforas sutis e muito finas, que às vezes nos atrapalham na apreciação da profundeza, personalidade e lucidez de seu pensamento. Frequentemente falou, para suas queridas filhas da Visitação de Annecy, sobre o casamento de Maria e de José. Vamos encontrar uma metáfora um tanto complicada (a pomba, a tâmara e o jardim), mas observemos sobretudo a força da palavra "pertencer", que em poucas linhas volta cinco vezes: Jesus "pertence" a José, porque a própria Maria "pertence" a seu esposo.

[Jesus] pertence [a José] mais que a nenhum outro depois da Santíssima Virgem, e disso ninguém pode duvidar, uma vez que era de sua família e filho de sua esposa, que lhe pertence... Se uma pomba, carregando em seu bico uma tâmara, a deixa cair em um jardim, acaso não se dirá que a palmeira que dela nascer pertence àquele de quem é o jardim? Ora, se assim é, quem pode duvidar que o Espírito Santo, como uma Pomba divina, tendo deixado cair esta divina tâmara no jardim fechado da Santíssima Virgem, jardim selado, e por todos os lados cercado por sebes do santo voto de virgindade e castidade imaculada, que pertence ao glorioso São José, como a mulher ou esposa ao esposo, quem duvidará, digo eu, ou quem poderá dizer que esta divina palmeira [Jesus]... não pertence a esse grande São José, que nem por isso se vangloria, tornando-se orgulhoso, mas, ao contrário, torna-se sempre mais humilde?

Padre Lejeune (1592-1672)

O padre Lejeune, missionário oratoriano e grande pregador popular, pronunciou um panegírico de São José, no qual mostra claramente como Maria e José realizaram o ideal de um casamento santo e feliz. Nessa união, ele sublinha que Maria, a santa das santas, "estando casada", honrava seu esposo; e para ilustrar esse aspecto, Lejeune recorreu a uma comparação surpreendente.

Sendo casada, Maria honrou José como seu chefe, seu superior e seu senhor... ela pedia a Deus por ele, todos os dias, com grande fervor, e a isso estava obrigada, como mulher para com seu marido; ela tinha grandes sentimentos de reconhecimento pelos cuidados que dele recebia todos os dias.

Quando um padre leva o Santíssimo Sacramento, não deve saudar ninguém, nem mesmo quando celebra a santa missa, porque ele não deve estar atento senão a seu santo exercício e à majestade que adora; e se houvesse uma rubrica permitindo saudar alguém, esse alguém não seria senão uma pessoa muito eminente e destacada. Maria, levando o Santíssimo Sacramento, eu quero dizer, o corpo de Jesus Cristo, saudou São José centenas e centenas de vezes, ela lhe fez reverência, ela o serviu e honrou com toda a humildade, tanto José era grande, eminente e digno de respeito.

São Cláudio de la Colombière (1641-1682)

Morto aos 41 anos, Cláudio de la Colombière, jesuíta, é conhecido sobretudo por ter sido o diretor espiritual de Santa Margarida Maria e o apóstolo da devoção ao Sagrado Coração. Entre suas obras encontram-se dois panegíricos de São José. O exórdio do primeiro contenta-se com anunciar o plano do sermão, mas aí se vê a força do tema: toda a santidade de José depende de seu casamento com Maria, quer antes, quer depois desse casamento.

Mesmo que os Livros Sagrados não dissessem dele outra coisa senão essa palavra que escolhi para meu texto: *Virum Mariae*, ele foi o esposo de Maria, eles teriam dito o suficiente para nos dar a ideia de uma santidade extraordinária.

[Pois] toda a vida de São José pode ser dividida em duas partes: a primeira é a que precedeu seu casamento, a segunda, a que o seguiu. Nada sabemos de toda a primeira, e, da segunda, é muito, muito pouca coisa que sabemos. Eu pretendo nada menos que vos fazer saber que tanto uma como outra parte foram santas. A primeira foi santa porque foi coroada por um casamento tão elevado. A segunda foi ainda mais santa porque se passou toda dentro desse casamento. O que quero dizer é que essa gloriosa aliança foi o fruto de uma santidade muito grande, à qual São José já havia chegado, e que ela foi a causa de uma santidade ainda maior, à qual foi elevado depois. Vejamos, se me permitis, no primeiro ponto deste discurso, a santidade que deve ter levado a esse casamento; e, na segunda, a santidade que deve ter adquirido depois. Isto é tudo o que tenho a dizer.

> *Ele procura a causa profunda dessa santidade: Maria estava empenhada em santificar José; e nisso ela colocou todo ardor apostólico pelo qual estava consumida e que foi capaz de converter o mundo.*

Os santos inspiram a santidade, mesmo sem querer. É um bem contagioso, se me é permitido falar assim, que se comunica sem que com isso se sonhe. De sorte que José fez progressos imensos, ao viver com Maria, mesmo ela não se tivesse aplicado a torná-lo sempre mais perfeito.

Mas é certo que teve mais zelo que todos os apóstolos e que, se fosse conveniente a seu sexo deixar a solidão, só ela teria percorrido e convertido todo o universo. Ora, esse grande zelo, durante todo o tempo de seu casamento, exerceu-se para santificar seu esposo. A ordem da caridade exigia que fosse ele o primeiro objeto desse zelo, e fosse o único durante todo aquele tempo. Este grande fogo, capaz de abrasar toda a Terra, não teve senão o coração de José a aquecer e a consumir nesses anos todos.

Jacques-Bénigne Bossuet (1627-1794)

Dos dois sermões proferidos pelo jovem Bossuet sobre São José, um em 1659, outro em 1661, o primeiro sobretudo é notável. Ele toma por tema a palavra da Escritura: "Depositum custodi" (guarda o que te foi confiado).

Bossuet pergunta-se que teria sido confiado a Maria e a José, e conclui que é sua virgindade: um confia ao outro sua própria virgindade e faz-se guarda da virgindade do outro (cf. acima, p. 139). A partir daí, Bossuet vai descrever seu amor conjugal. Longe de diminuir a virgindade deles, ele a reafirma.

Faz aqui eco a Santo Agostinho: quanto mais puro o amor, mais forte é.

Quem poderia dizer agora qual devia ser o amor conjugal desse casal feliz?

As mais belas chamas não são aquelas em que se mistura a cobiça; mas duas virgindades, bem unidas por um casamento espiritual, produzem chamas muito mais fortes e que podem, parece, conservar-se além das cinzas da própria morte.

Mas onde será que esse amor tão espiritual jamais encontrado foi tão perfeito quanto no casamento de São José? É aí que o amor é todo celestial, uma vez que todas as suas chamas e todos os seus desejos não tendem senão à conservação da virgindade; e é fácil entendê-lo.

Pois, dize-nos, ó divino José, que é que amas em Maria? Ah! sem dúvida, não é a beleza mortal, mas essa beleza escondida e interior, da qual a santa virgindade era o principal ornamento.

Era então a pureza de Maria que se constituía no casto objeto dessas chamas; e quanto mais ele amava essa pureza, mais a queria conservar, primeiramente em sua esposa, e, em seguida, em si mesmo, por uma inteira unidade de coração: de tal modo que seu amor conjugal, afastando-se do caminho ordinário, doava-se e aplicava-se totalmente a guardar a virgindade de Maria.

Da união conjugal de Maria e de José, Bossuet passa em seguida a sua fecundidade, quer dizer, a Jesus. Para com ele, quais são os sentimentos de José? São sentimentos não de simples adoção ou de solicitude, mas sentimentos verdadeiramente paternais. E por duas razões: porque José é o esposo da mãe de Jesus e porque o próprio Deus dá um coração de pai a José e um coração de filho a Jesus.

Maria não concebeu de José, porque então a virgindade seria quebrada; mas José partilhará com Maria seus cuidados, suas vigílias, suas inquietudes, por meio dos quais educará esse divino Infante; e ele sentirá por Jesus aquela natural inclinação, todas aquelas doces emoções, todas as ternas solicitudes de um coração paternal.

Mas talvez me perguntareis vós, de onde ele tomará esse coração paternal, se a natureza não lho deu? Essas inclinações naturais, podem elas ser adquiridas por escolha? E a arte, pode ela imitar o que a natureza escreve nos corações? Se, portanto, São José não é pai, como terá ele um amor de pai? Nesse ponto é que devemos entender que o poder divino age nesta obra. É por um efeito desse poder que José tem um coração de pai; e se a natureza não lho deu, Deus lhe fez um com suas próprias mãos.

São, portanto, essas mesmas mãos, que formam em particular todos os corações dos homens, que criaram um coração de pai em José e um coração de filho em Jesus. É porque Jesus obedece que José não teme dar-lhe ordens. E de onde lhe vem essa audácia de dar ordens a seu Criador? É que o verdadeiro Pai de Jesus Cristo, esse Deus que o engendra na eternidade, tendo escolhido o divino José para servir no tempo de pai a seu Filho único, fez de alguma forma fluir em seu seio algum raio ou alguma centelha desse amor infinito que Ele tem por seu Filho.

Charles Sauvé (1848-1925)

Longos anos professor no final do século dezenove, Sauvé publicou numerosas "elevações", cujo estilo já é antiquado, mas que se caracterizam por sua segurança doutrinal e um senso agudo das ramificações espirituais do dogma. O quinto volume de seu "Cristão íntimo" intitula-se "O culto de São José". Aparecem aí, sobre o mistério do casamento de Maria e José, algumas páginas das mais bem pensadas que conhecemos.Eis aqui uma sobre a primazia de sua virgindade, antes e durante o casamento.

Contemplemos essas duas almas tão perfeitamente virginais antes de seu casamento; elas têm, cada uma por seu lado, a preocupação, não apenas dominante, mas única, de pertencer só a Deus.

Que é a virgindade por Deus? É a pertença a Deus só: "Aquele", diz São Paulo, "que não tem esposa" e se reserva para Deus, "pensa em Deus".

Sim, se jamais houve duas almas que Deus tenha reservado para si e que para Deus se tenham reservado, são a alma de José e a alma de Maria. Estas duas almas virginais, cada uma por seu lado, sentir-se-ão cada dia mais atraídas em direção a Ele e se doarão a Ele com uma perfeição que será o modelo eterno de todas as virgens santas.

E Deus preparou-os um para o outro. Suas virgindades deviam aliar-se para se guardarem mutuamente, para se exercitarem ao amor divino. É para se ajudarem um ao outro a se doarem juntos para Deus que Maria e José se unem pelos laços do casamento... E, para José, seu casamento com Maria vai decuplicar seus recursos para a união com Deus.

A passagem seguinte situa o casamento de Maria e de José no vasto plano da Encarnação, da qual é peça mestra.

Em que alto conceito devemos ter essa união! Deveríamos ver sempre o casamento de Maria e de José entre a união de Jesus com Maria e com sua Igreja, de uma parte, e, de outra, todas as uniões da Terra e do céu. Sim, está aí o modelo que miram e para o qual convergem todas as uniões santas; e essa mesma união converge para a união da Encarnação! Como deveríamos admirar, celebrar, festejar esse casamento, e por meio dele pedir para nós, para as famílias, para a Igreja, essas preciosas graças, a Maria, a José, a Jesus, à Santíssima Trindade, para a qual Jesus quando presente eleva tão poderosamente nossos pensamentos, nosso coração, nossa vida!

> *Enfim, sempre no vasto contexto do plano de Deus, a sagrada família aparece no centro da história: para ela convergem todas as uniões santas do passado, nela se nutre e se realiza desde já, idealmente, a família de Deus que se chama Igreja.*

Todas as almas que, no passado, pertenceram à Cidade de Deus aderiam, ao menos implicitamente, ao Messias Redentor, que nós adoramos em Belém, em Nazaré, entre Maria e José. Assim, a Sagrada Família é o centro da Igreja do passado.

Mas, sobretudo, o que devemos gostar de considerar é que ela forma o germe inicial e central da grande família de Deus que se chama Igreja católica há tantos séculos. Tudo o que sempre admiramos, na Igreja, de autoridade, de verdade, de vida divina, de virtudes, de humildade, de pureza, de caridade, está na Sagrada Família como em sua fonte.

Que ideia dessa Família, que vive obscura em Nazaré, nos dá semelhante doutrina: ela é a fonte de toda a vida cristã que transformará o mundo! Que ideia nos dá, sobretudo, das grandezas da Igreja: a Igreja católica é, no fundo, essa Família de Belém, de Nazaré, da qual o centro é Deus, e que se vai desenvolvendo pela extensão da Terra e por todos os séculos!

Joseph Dillersberger

Segundo Dillersberger, em "Mystère de la virginité" (Ed. du Cerf, Paris, 1935) – extrato de uma obra alemã sobre a virgindade e o celibato –, a obra redentora de Jesus Cristo devia prender-se primeiro às fontes da vida, ao poder gerador do homem e da mulher, profanado desde a origem. Esta salvação do casal, o Salvador a inaugura no casamento de José e de Maria: o amor do homem e da mulher atinge ali os cumes radiantes de uma pureza ignorada até então.

O Salvador começa a cura [da humanidade] pelo ponto mais profundo, pelo lugar mais gravemente atingido – seu poder de geração. Ele quer começar a Redenção ali onde o mal tem misteriosamente sua fonte, onde a vida foi envenenada e profanada em seu germe: no casamento, na família. Verdadeiramente *"o machado já está posto à raiz das árvores"* (Mt 3,10). Única maneira de fazer qualquer coisa pelo homem. A paixão está profundamente enraizada em seu sangue, a concupiscência é muito grande, muito ardente o instinto carnal, para que outro caminho, menos radical, possa oferecer chance de salvação e de cura.

Nessa família santa e toda virginal [a de José e de Maria], manifesta-se a poderosa vontade do Salvador de purificar e de santificar o casamento e a família. É preciso que aprendamos a estimar com seu verdadeiro valor o significativo conteúdo desse primeiro gesto do Salvador. Aí veremos a enorme diferença que separa o casamento natural do casamento cristão.

O casamento cristão é um sacramento, é coisa santa. Não teria ele sido fundado, portanto, unicamente sobre a carne e o sangue. Para que pudesse existir, foi preciso primeiro essa família, toda virginal. Pois, sem o filho dessa família, o casamento jamais se teria tornado coisa santa. Era preciso que o sangue salvador corresse por ele.

O casamento cristão procede, pois, de um fundamento virginal. Quando se contempla esse casamento em seu valor íntimo, ele aparece brilhando no esplendor de sua luz virginal. As fontes virginais jorram de suas profundezas misteriosas.

Essas forças virginais são depositadas em cada família. Seria necessário cultivá-las com muito desvelo. Seria necessário sobre elas construir com muita confiança. Quem sabe então se compreenderia que a família cristã, definitivamente, tem por missão conduzir para além da obra da carne, para regiões virginais. Ao beber das fontes virginais criadas pelo sacramento, o amor carnal deve transformar-se pouco a pouco. E quando o casamento e a família cristã se apoiarem sobre essas forças, sem dúvida acontecerá que, quando os filhos atingirem a maturidade sexual e sentirem agitando-se no fundo de suas almas obscuros instintos, o amor dos pais terá realizado esta característica virginal e estenderá então sobre os filhos sua proteção e sua bênção. Nada de estranho se dessas famílias, na devida hora, surgirem filhos consagrados à virgindade, como o Filho da Virgem. É somente aí que se revela toda a profundidade desta palavra: *"Ele salvará seu povo de seus pecados"* (Mt 1,21). [...]

Nas origens da Nova Aliança, o homem e a mulher têm relações totalmente novas. Aquilo que ordinariamente é o essencial se encontra completamente eliminado. José e Maria nos dão, desde o início, nada conheceram de carnal.

É, no entanto, amor pelo outro sexo. Não é preciso negá-lo. E, portanto, esse amor também se enraíza no mais profundo da diferença dos sexos. Mas nós nos encontramos, por assim dizer, no polo oposto. Uma perspectiva infinita se abre a partir desses dois seres sobre todo o conjunto, tão extraordinariamente diverso, das relações entre os dois sexos. No mais escuro limite, em plenas trevas, encontram-se os casais unidos na terrível paixão que tudo consome: só a vontade da carne, só a voz do sangue. Tão próximo do animal, talvez bem abaixo do animal. Pouco a pouco os casais emergirão da noite para a luz. Costumes e tradições, legislação e consentimento, tudo o que distancia o amor carnal da pura paixão já está em marcha em direção à luz. E eis que, com o início da Nova Aliança, a gente se encontra em pleno clarão de meio dia; não mais há traços de noite nem de obscuridade.

O incrível existe: o amor dos sexos um pelo outro, sem a característica carnal. O amor do homem que quer não mais possuir nem ferir, mas somente guardar e proteger. Que está ansiosamente preocupado, não somente em nada fazer por si mesmo que possa atentar contra a pureza da mulher – isso seria muito pouco –, mas ainda prevenir no espírito de outros qualquer aparência de suspeita. Tem sido por acaso apreciado em seu justo valor esse amor desinteressado e vigilante, essa delicadeza de sentimentos? Esse homem enche-nos de espanto. A mulher tornou-se para ele como um santuário que mãos de homem já não ousam tocar. O próprio Espírito Santo o edificou e ali depositou maravilhas preciosíssimas. A união não tem outra finalidade senão a de conservá-lo para Ele, o Espírito de Deus, de lho ofertar de novo.

    A pureza, e sobretudo a virgindade, tanto para o homem como para a mulher, à primeira vista parece ser uma renúncia, quase como uma recusa, como um caminho solitário. Mas nos parece que é preciso subir mais alto. No cristianismo, o ponto mais elevado da virgindade do homem e da mulher foi atingido por uma vida a dois. Precisamente por Maria e José. [...] A essência da pureza é amor, amor, sim, entre o homem e a mulher. E talvez o que a pureza encerra de melhor e mais precioso não possa jorrar do coração humano senão ali onde o homem e a mulher são um para o outro o que Maria foi para José: um velando pela pureza do outro. Aí está o triunfo maior do cristianismo, o gesto mais audacioso do Redentor, Rei puríssimo, que sobre a Terra pudesse haver uma vida em comum, uma união do homem e da mulher, em que a mais íntima essência é precisamente o amor casto, a ascensão a uma pureza sempre maior, pela ajuda mútua. Forças de pureza, cujo poder iguala e supera o das forças assustadoras da paixão, manifestam-se então. Só elas fazem crescer a pureza dos homens. E os transportam para as alturas eternas do Deus Trino e Uno.

Leão XIII (1810-1893)

Leão XIII, que se celebrizará em 1891 pela encíclica Rerum Novarum, sobre a doutrina social da Igreja, buscou também os remédios espirituais para os males de seu tempo. Na encíclica Quanquam pluries *(14 de outubro de 1889), sobre o rosário, ele trata não somente de Maria, mas de José, apresentado como o modelo dos pais de família e dos trabalhadores, e convida os cristãos a honrar os dois esposos indissoluvelmente unidos.*

Para que Deus se mostre mais favorável a nossas preces e – sendo numerosos os intercessores –, venha mais prontamente e mais largamente em socorro de sua Igreja, julgamos muito útil que o povo cristão se habitue a invocar com grande piedade e grande confiança, ao mesmo tempo que a Virgem, Mãe de Deus, seu castíssimo esposo, o bem-aventurado José: o que estimamos ser, de ciência certa, desejado e agradável para a própria Virgem.

As razões e os motivos especiais pelos quais São José foi nomeado o patrono da Igreja, que fazem que a Igreja muito espere, em retorno, de sua proteção e de sua patronagem, são que José foi o esposo de Maria e que ele foi considerado pai de Jesus Cristo. Daí vêm sua dignidade, seu favor, sua santidade, sua glória. Certamente, a dignidade da Mãe de Deus é tão alta que nada pode ser criado acima dela. Mas, todavia, como José foi unido à Bem-aventurada Virgem pelo laço conjugal, não se pode duvidar que ele, mais que ninguém, aproximou-se dessa dignidade sobre-eminente, pela qual a Mãe de Deus, de tão alta, ultrapassa todas as criaturas. O casamento é com efeito a sociedade e a mais íntima de todas as uniões, que, por sua natureza, implica a comunhão dos bens entre um e outro cônjuge. Dando José por esposo à Virgem, Deus lho deu não somente como companheiro para a vida, testemunha de sua virgindade, guardião de sua honra, mas também para que, por força do pacto conjugal, participasse sua sublime dignidade.

Pio XI (1857-1939)

> Pio XI aproveitou todas as ocasiões para falar de São José, de sua união com Maria, da sagrada família, e de seu papel na Igreja. Eis uma passagem de 1926, que retoma de uma maneira mais explícita ainda a ideia da sagrada família "primícia da Igreja nascente", já expressa por Leão XIII. "Toda a Igreja está ali", afirma expressamente Pio XI.

É evidente que, em virtude dessa alta missão [de proteger Maria e Jesus], este santo patriarca possuía já o título de glória que é seu, o de Patrono da Igreja universal. Toda a Igreja, com efeito, achava-se então presente junto dele, na forma de germe já fecundo, na humanidade virginal da Santíssima Virgem Maria, Mãe de Jesus e mãe de todos os fiéis que, ao pé de sua cruz, deviam tornar-se seus filhos no sangue de seu filho Jesus. Fato insignificante para os olhos carnais, mas quão revelador aos do espírito: a Igreja se encontrava já presente junto de São José quando ele exercia a função de guardião, de pai tutelar da Sagrada Família.

Paulo VI (1897-1978)

Dia 4 de maio de 1970, na Basílica de São Pedro, em Roma, Paulo VI dirigiu-se a dois mil casais das Equipes de Nossa Senhora, vindos de todos os continentes. Ele lhes apresentou, em toda a sua riqueza, o pensamento divino sobre o casamento, do qual Cristo fez um sacramento.

Eis que no limiar do Novo Testamento, como à entrada do Antigo, aparece um casal. Enquanto, porém, o casal Adão e Eva foi a fonte do mal que caiu sobre o mundo, o casal Maria e José é o topo donde a santidade se espalha por toda a Terra. O Salvador começou a obra da salvação por essa união virginal e santa, em que se manifesta sua onipotente vontade de purificar e santificar a família, santuário do amor e berço da vida.

Paul Claudel (1868-1955)

Os poetas não ditam a lei na Igreja. Mas de Villon a Claudel, eles têm um comovente acento para traduzir em palavras humanas as verdades teológicas que, frequentemente aliás, podem parecer desencarnadas.
Neste poema sobre São José, Claudel soube traduzir o inefável: o amor e a veneração que o artesão de Nazaré tinha por aquela que Deus lhe havia confiado e que nele se apoiava.[3]

---

[3] Paul Claudel, *Saint Joseph*, extrato tirado de *Feuilles de Saints*, in *Oevre poétique*, col. Bibl. de la Pléiade, Paris, Éd. Gallimard.

Quando as ferramentas estão arrumadas em seu lugar e terminou o trabalho do dia,

quando, do Carmelo ao Jordão, Israel dorme no meio das searas e da noite,

como outrora, quando era ainda criança e começava a ficar muito escuro para ler,

José com um grande suspiro entra em conversação com Deus.

Ele preferiu a Sabedoria, e ela é trazida para que a despose.

Ele está silencioso, como a Terra quando tudo se faz róseo.

Ele está na abundância da noite, está de bem com a alegria, está de bem com a verdade.

Maria é sua posse, e ele a rodeia por todos os lados.

Não foi num só dia que aprendeu a não estar só.

Uma mulher conquistou cada parte desse coração, agora prudente e paternal.

E de novo está no Paraíso com Eva!

Este rosto, do qual todos os homens têm necessidade, volta-se com amor e submissão para José.

Esta já não é a mesma prece e esta já não é a antiga espera depois que sente, como um braço repentinamente sem ódio

o apoio deste ser profundo e inocente.

Já não é a fé totalmente nua na noite, é o amor que explica e que opera.

José está com Maria, e Maria está com o Pai.